Control your destiny,
or someone else will.

Jack Welch

自分の運命は自分でコントロールせよ。
さもないと、誰かがコントロールする。

ジャック・ウェルチ

はじめに　―動乱の世の志―

西郷隆盛、勝海舟、坂本龍馬、吉田松陰など、幕末・維新に活躍した志士たちの行動に多大な影響を与えた儒学者、佐藤一斎。江戸末期を代表する思想家でもある一斎の「志」のもとに著された書が『言志四録』だ。

『言志四録』は、一斎が四二歳のときから執筆をはじめ、後半生の四〇余年にわたって書き続けられた。『言志録』（四二歳から執筆）、『言志後録《こう》』（五七歳から執筆）、『言志晩録』（六七歳から執筆）、『言志耋録《てつ》』（八〇歳から執筆、「耋」とは「老いる」の意）の四篇で構成されている。四篇あわせて一一三三条。学問、道徳、修養、教育から、政治、法律、軍事、さらには保健衛生、養生などに至るまで幅広いジャンルを扱った処世訓である。西郷隆盛がここから一〇一条を抜き出し、自身の箴言集としていたことはよく知られている。

江戸時代、長く太平の世が続いていたが、旧態依然とした政治体制は綻びを見せはじめ、社会情勢が混沌としていく。そして、ペリー来航など、海外からの直接的な圧力により開国が余儀されなくなる。内憂外患の幕府および諸藩はこの事態を打開するために、身分にかかわらず、有能な者の登用を進めた。ここに志士たちの活躍する場が生まれ、明治維新がなされることになる。

新しい社会を切りひらいた志士たちが維新を成就することができたことのひとつに、その呼び名が示すように、彼らの胸に強い志があったからだろう。いや、強い志がなければ、新しい世の中はひらかれることがなかったはずだ。

先行きが不透明で混迷した現代を生きる我々にも志士たちと同じように、時代の流れに逆らわず、かといって流されない、しなやかさと強い意志が求められる。志を立てることの重要性、そして強く生きるための心得、またその術などを『言志四録』は教えてくれるだろう。

本書は、『言志四録』のなかから、人生や仕事に役立つ一九五条を選び、現代にあわせて超訳を試みた。これからの生き方、働き方のヒントとなれば幸いである。

※本書の底本は、『言志四録』―全四巻―佐藤一斎著・川上正光全訳注（講談社学術文庫）によった。西郷隆盛の『南洲手抄言志録』に含まれているものについては括弧書きでその条番号を示した。また、原文については省略した。

佐藤一斎人脈図

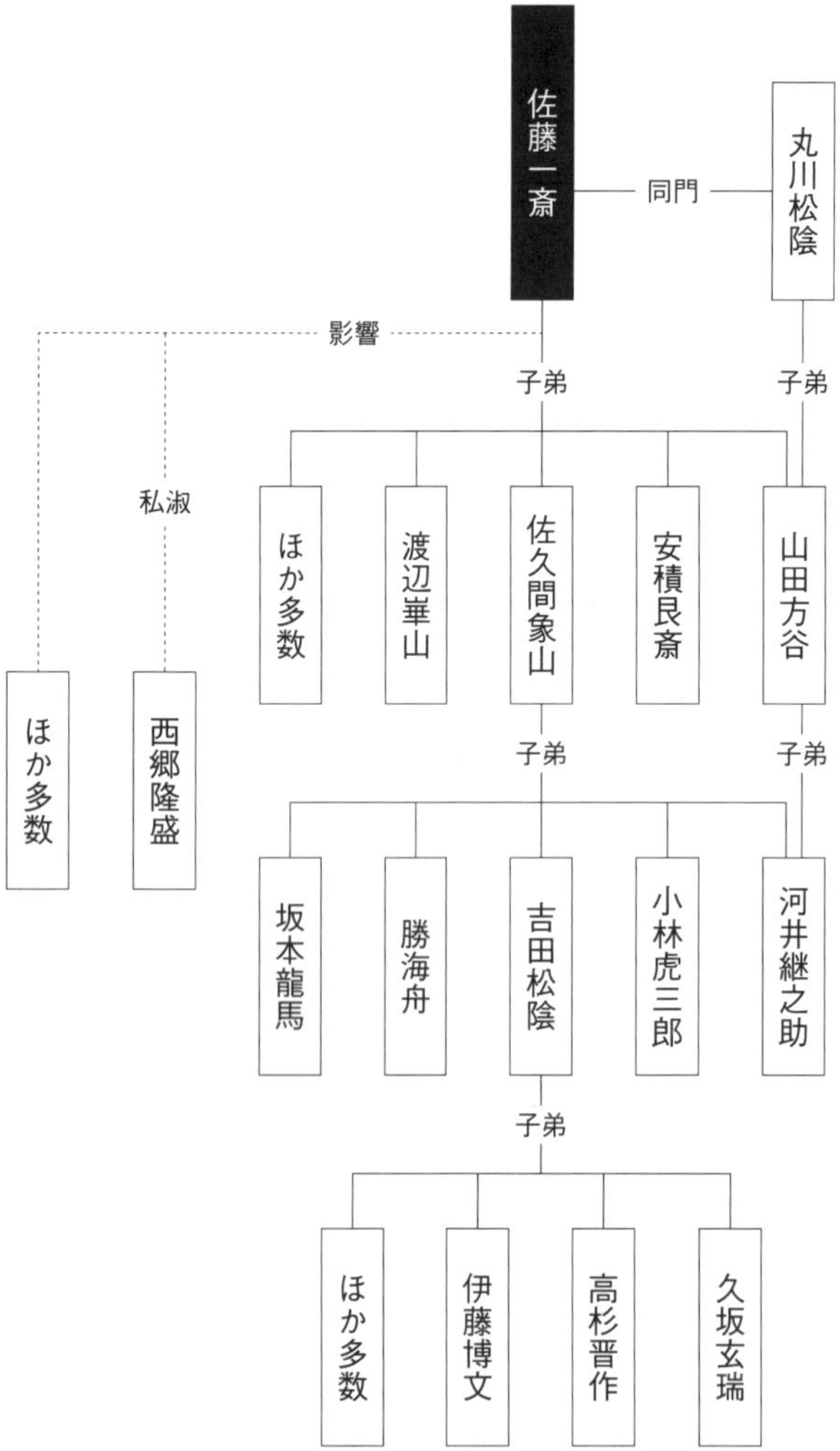
佐藤一斎
同門
丸川松陰
影響
子弟
子弟
私淑
ほか多数
渡辺崋山
佐久間象山
安積艮斎
山田方谷
ほか多数
西郷隆盛
子弟
子弟
坂本龍馬
勝海舟
吉田松陰
小林虎三郎
河井継之助
子弟
ほか多数
伊藤博文
高杉晋作
久坂玄瑞

君の志は何か
超訳 言志四録

目次

第一章　立志

第二章 克己

第三章　処世

第四章　修学

第五章 修養

第六章　道徳

補章 重職心得箇条

第一章

立志

L'ASPIRATION

志が不安や迷いを消す

君の志は何か――。

あなたは、こう問われたら、どう答えるだろうか。

志とは、信念とも言い換えられる。こうしたいという強い思い、必ず実現させなければならない目標や目的、そうしたことがあなたの心のなかにあるだろうか。

かつて明治維新を担った幕末の志士たちは、外国の脅威から日本を守る、民が貧しさから抜け出し暮らしやすい世の中に変える、こうした信念があればこそ、命を賭けることに果敢に向き合った。

いまの日本では、命を賭ける場面はほとんどないかもしれない。しかし、人生の岐路となるような決断を迫られる場面は、誰にでも一度や二度はあるだろう。

そうしたときにうろたえないために、自分の将来に向けての確固たる志を立てることが重要な意味をもつ。

志――信念を普段から抱いていれば、それが自身の行動規範になる。物事を判断する基軸になる。

そして、その志はできれば周囲に明言しておくことだ。

佐藤一斎は、自身の生き様や学んできたことを箴言《しんげん》としてまとめあげた。その題名に「言志」という言葉を使った。言志、つまり志を言葉に表すということだ。

志は各自の胸に秘めるのではなく、敢えて言葉にして表現することに意味があると信じた。強い思いを周知することは、退路を断つことになる。


人間の意志は脆い。だからこそ、やるべきことを明言することが重要なのだ。

そして、志によって進むべき道がはっきりすれば、自分の生き方に迷いや不安は消える。

いまも昔も、生き方が見えなければ、ただ迷うばかりだ。

「自分探し」を生きるテーマにしている人が多くなってきた現代だからこそ、「私の志とは何か」を自問することが意味をもつのではないか。


志を立てるには、自分が守らなければならない人、自分が幸せにしたい人を想像することだ。それが自分が生きるための寄る辺にもなる。

君の志は何か

つまらないことを考えたり、
まわりのことに心を動かされたりするのは、
まだ、君の志がしっかりとしていないからだ。
志がひとつ、しっかりと立っていれば、
どんな邪念も近寄ってはこない。
それはちょうど、清らかな泉が湧き出ると、
まわりの水がそこに入り込めないのと同じことだ。

言志後録　第一八条（南洲手抄言志録　二三）

あなたにとって、自分軸を強くするための志とは何か

二二

志が欲を制す

自分の欲を抑えられないのは、
志が固まっていないからだ。
志さえ固まっていれば、
欲など真っ赤に燃えている炉の上に落ちたひとひらの雪のように、
すぐに消えてしまうだろう。
志とは、それほどに自己を律する強い力をもつ。
だからこそ、
志を確立するための徹底した自己研鑽が必要なのだ。

言志耋録　第二四条

私欲を制するために何が大事かを深く考えてみる

三

行く道を照らすもの

人生のうちには、
暗い夜道を行くようなこともある。
そんなとき、提灯ひとつもって行くのであれば、
どんなに暗くても心配はない。
その提灯ひとつが、
行く先を明るく示してくれるのだから。

言志晩録　第一三条（南洲手抄言志録　五四）

あなたにとって、生きる道しるべになる志とは何か

四

思い切って行動する

十分に、十分に考えたうえで、
こうと決断したら、思い切って行動する。
誰にも止める間がなければ、
君は好きなように進めるだろう。
正しいと思ったら、まっすぐに突き進む。
誰かにとがめられることがなければ、
自分の道を自由に進むことができるだろう。

よいと信じたことは、迷わず行動に移す

言志録 第一二五条（南洲手抄言志録 一二）

五

学ぶということ

学問は何のためにするのか。
それは、
自分の信じる志を成し遂げるために決まっている。
そして、
その志は他人に言われて立てるのでは意味がない。
自分の心の底から、
熱く湧き出たものでなければならない。

言志録　第六条

あなたにとって、心を熱くする思いとは何だろう

六

恥ずかしさを捨てる

志を成し遂げるには、
それが青臭いと思ったり、
かっこ悪いと思ったりしたことでも、
恥ずかしがってはならない。
ただ思い切って取り組んでいくことが
肝心なのだ。

かなぐり捨てて突き進む先に大志がある

言志録　第七条

七

志を確立する

志をしっかり立て、その志を常に胸に抱いていれば、
薪や水を運んでいるときでさえ、
志を実現するための学びの時間となるのだ。
その気持ちをもちながら、書物を読み、物事の道理を知ろうとすれば、
目的を達成できないはずはない。
しかし、志を抱かずに一日中読書をしていても、
自分の身になることはひとつもないだろう。
だから、立身出世を望んで学問を修めようとするなら、
自らの志をしっかりと確立することがなにより大切なのだ。

言志録　第三二条

志を強くもてば、どんな状況でも道はひらける

八

志を強くするもの

金持ちとか、地位が高いというのは、
春の開放感や夏のけだるさと同じで、
緊張感を失わさせ、怠け心を生み出してしまう。
貧しいとか、地位が低いというのは、
秋の冬支度や冬の凛とした気持ちと同じで、
厳しさに備え、それを乗り越えるための強い心を生み出す。
つまり、慢心することなく成長への渇望の気持ちがあれば、
志を強く固くすることができるのだ。

いまのあなたを怠けさせるものとは何か

言志録　第四一条

九

大志を果たす心

真に大志を抱く人は、
どんなに小さな事柄も粗末に扱わない。
真に遠大な思いをもつ人は、
どんなに些細なことも疎かにしない。

志を成就するには些細なことにも目配りを忘れない

言志録　第二七条

一〇

夢を実現する心

準備もせずに、急いで取りかかっては、
成功はおぼつかない。
日頃から夢に向かって用意周到に、
あせらずに忍耐強く待つ。
そして、好機が来たら一気に取りかかることで、
成功をつかむことができるのだ。

言志録　第一三〇条（南洲手抄言志録　一四）

好機が来たら、素早く行動する

一一

目標は高く置く

目標はなるべく高いところに置くのがよい。
そうすれば、山の頂上を目指すのと同じように、
進むべき道が麓《ふもと》からもよく見えて、
迷うことがないだろう。

言志録　第八八条（南洲手抄言志録　六）

目標達成は、プロセスを「頻繁に」確認することがカギだ

一二二

志は高く、身は低く

自らの志が他人よりも高いからといって、
おごりたかぶっていることにはならない。
自らの身を低く謙虚にしているからといって、
卑しい態度にはならない。

高い志をもちながらも、おごらずに謙虚でいる

言志晩録　第七一条

二三

気力を充たす

内面に力を貯め、それが充満する。
やむにやまれなくなり、
つぼみは外に向かい、
いよいよ大きく花が開く。
それが「開花」というものだ。

日頃の研鑽がなければ、開花することはないと知る

言志録　第九二条

一四

大事業の原点

ひとかどの人物と言われる人ほど、
自分の力を信じ、安易に他人を頼らない。
天を動かし、地を驚かすような大事業も、
はじめは一人の力が元になって生まれるものだ。

自分を頼りにする。そのためには、自己を鍛錬する

言志録　第一一九条

一五

立志の「立」の意味

立志の「立」という字には、
竪立《じゅりつ》――まっすぐに立つこと
標置《ひょうち》――目印を立てること
不動――どっしりと揺るがずに立つこと
という三つの意味が込められている。

目標を見据えたら、軸をぶらさず目標に向かって突き進め

言志耋録　第一二一条

一六

その日を意味あるものにする

百年経って、
再び自分が生まれてくることはない。
だからこそ、
一日一日を空しくせずに、
意味ある一日にしなくてはいけない。

その日にとくに印象に残ったことを書き記す

言志後録　第一〇九条

一七

順境と逆境の対処法

長い人生には、順境もあれば、逆境もある。
それは当然のことだが、順境、逆境と一言で言っても、
順境のときにも逆境が潜むこともあれば、
逆境のなかにも順境を見出すことがある。
だから、生き方上手な人は、
逆境であってもやけを起こさず、
順境であっても気を緩めたりしない。
ただ、いまの境遇をかしこまって受け入れ、
順逆を問わず、今後に向けて冷静に対処するだけだ。

順境では次の事態への備えを怠らず、逆境では活路を見出す

言志晩録　第一八四条

一八

後悔してもためらわない

後悔とは、
善の道と悪の道とを分ける分岐点のようなものだ。
志の高い人は失敗を悔い改めることで善の道を歩むが、
志の低い人は失敗を反省せずに自暴自棄となる。
だからこそ志を強くもつことで、
後悔という言葉につきまとう
「ためらい」の気持ちを取り除かなければならないのだ。

言志耋録　第二一条

ためらわず反省し、失敗を自己成長の糧とする

一九

志を成就させるには

物事を成そうと準備をするとき、
望む結果を考えることから始めなければならない。
その結果を導くにあたっては、
謙虚な心で粛々と進めなければならない。
そうすれば当初望んだ結果が修められるだろう。
志を成就するには、
こうした心構え以上のものはないのだ。

目標を達成するために物事を結果から遡って考えてみる

言志耋録　第一二九条

二〇

志を立てるとき

何か事が起きた動乱のときに平静でいるのは、難しいようだが、実はやさしい。
何も起きない平穏なときに気持ちを奮い立たせるのは、やさしいようでいて、実は難しい。

平穏無事なときにこそ、心を活発に動かし次の一手を考える

言志耋録　第五九条

二二

事業と大義

すべて事を成すときには、
社会に仕える といった大義の心をもたなければならない。
己の功績を知らしめたいといった、
度量の小さな気持ちがあってはならない。

言志録　第三条（南洲手抄言志録　四）

「世のため人のため」と思う心がなければ、事を成すことはできない

二二

私欲を挟まない

物事を行うときに
世のため人のためという道理に適った方法で進めようとしても、
そこにわずかでも「自分の得になる」という心があると、
道理が揺らぎ、
目的を達成させることができなくなる。

「自分のため」という私欲は必ず見破られる

言志録　第一八三条

二二三

心のふたを外せ

心がつかえ、ふさぎ込んでいると、
何を考えても良いことが思い浮かばず、
間違った方向に進んでしまう。

心がふさぎ込んでいるときに、大きな決断はしない

言志録　第二一条

一二四

決意のもと

意を決して思い切って物事を行うとき、
その発露は正義であったり、
知恵であったり、
あるいは勢いからということもある。
正義と知恵の両方に基づく決意であるのが最もよい。
勢いだけの決意は危険だ。

言志晩録　第一五九条（南洲手抄言志録　七四）

意気込みだけで果断するな。物事を客観的に見つめ判断する

一二五

無駄に忙しがるな

誰もが口癖のように「忙しい、忙しい」と言う。
そうした者の行動をよく見ると、
十のうち、実際に必要なことは一か二くらいで、
八か九はやらなくてもいいことだ。
やらなくてもいいことに時間を使っているのだから、
無駄に忙しがるのも無理はない。
これから事を成そうと志をもつ者は、
こうした無駄に気をつけよ。

言志録　第三一条

要、不要を整理しなければ時間は有効に使えない。忙しいと言う前に考えよ

二二六

仕事を引き受けたら

上役からの仕事の依頼は謹んで引き受け、丁寧に処理する。
下役からの仕事の依頼はひとまず手を休め、素早く処理する。
ただ、仕事はどれも同じではないので、
丁寧さのあまり時間をかけ過ぎて期限に遅れたり、
早く処理し過ぎてミスしたりしては元も子もない。
仕事の中身をよく見て、軽重に合わせて
どんな段取りにするかを考えてから着手するのだ。

言志晩録　第一五七条

仕事を受けた時点で、それにはどれほどの時間をかけてすべきかを試算する

二七

結果から考える

事を始めるには、
まず結果から考えて、
やるべきことを逆算せよ。
舵のない舟に乗ったり、
的がないのに矢を放ったりするのと同じで、
最終到達点が見えないと
間違った方向に進んでしまう。

言志耋録　第一一四条（南洲手抄言志録　九四）

行き当たりばったりではなく、結果からやるべきことを考えよ

二八

急《せ》いては事を仕損じる

時間に余裕のある用は、
早めに手をつけて終えること。
まだ時間があると思っていると、
いつまでたっても始めず遅れることになる。
急ぎの用は、
心を落ち着けてゆっくりと行うこと。
焦って行うと、
仕損じることになる。

言志耋録　第一一五条

期日前に終える工夫を習慣化することで、能力は確実に磨かれる

関係人物列伝1

志士たちの志を育んだ佐藤一斎

●佐藤一斎の生きた時代

ときは安永元年（一七七二）、田沼意次が老中となって江戸幕府の実権を握る。いわゆる田沼時代の幕が開けたこの年、佐藤一斎が生まれる。

このころ、幕府の財政は困窮を極め、しだいに幕政は行き詰っていく。それに伴い封建制度の崩壊の兆しが見られるようになっていった。

だんだんと機能しなくなった幕藩体制に代わるものが模索され出したのも、このあたり以降のことである。

やがて、田沼は失脚し、寛政の改革、天保の改革と幕政再興に手を打つが、その力は徐々に衰えていく。

また、外国船がたびたび日本に訪れるようになり、開国への圧力が強まっていく。幕府が対応に苦慮するなか、嘉永六年（一八五三）、アメリカの軍艦四隻が江戸湾の入口、浦賀沖に出現。ペリーの来航である。

この黒い巨大な軍艦を目のあたりにした日本人は、これを「黒船」と呼び、おそれと驚きの目で見つめたのである。

ペリー来航は、諸大名に幕府政治への発言の機会を与えることになり、政局転換のきっかけともなる。ますます政局は混迷へと向かうのであった。

その後、朝廷の権威がにわかに注目されるようになり、勤王の志士たちの動きが政治的な混乱にさらに拍車をかけていく。その動きにおそれを抱いた大老の井伊直弼が倒幕の志士たちを弾圧。安政の大獄である。若き志士たちに大きな影響を与えていた吉田松陰などが死罪とされた。

当然、その弾圧に対する反発は強く、水戸浪士たちが井伊を暗殺。この桜田門外の変で、幕府体制の崩壊は決定的となったのだ。

最後の将軍となった徳川慶喜。将軍就任とともに幕政改革に取り組むも、ときすでに遅し。時代の流れには逆らえず、大政奉還を決意する。ここに幕府の歴史はピリオドを打つのであった。そして、王政復古の大号令が出され、明治維新を迎えることになる。

佐藤一斎の誕生から維新となるまで要したのは、九〇数年。

このうち一斎は八八年を生きた。まさに激動の時代を生き、変わりゆく日本の姿を見続けたのである。

●志を立てる佐藤一斎

ところで、佐藤一斎とはどのような人物だったのだろう。

佐藤一斎は、安永元年（一七七二）、江戸浜町で生まれた。父は、美濃岩村藩（岐阜県岩村町）の家老佐藤信由《のぶより》。二〇歳過ぎまで江戸で育った一斎は、早くから秀才ぶりを発揮していた。ただし、一方でとても豪放なところもあったようで、次のような穏やかではない逸話も残されている。

一斎は、ある時期、拳法を学んでいた。そこで親しくなった友人とともに、夜になると酒に酔っては、道行く人を倒して歩いていたそうである。ところが、そんな手荒な一斎が、ある日、自分の悪行を後悔し、その友人にこう言った。

「拳法のような小技は使わず、天下で一番の事をなすべきではないだろうか」

それからというもの、二人は勉学に励むようになったという。

こうして一斎は品行を悔い改め、一転して奮然と志を立て、学問に専念するようになったのである。

一斎は一九歳のとき、武士として正式に籍を得るものの、「士籍を離れたい」と言い、翌年には自ら願い出て、士籍を脱してしまう。その理由はよくわかっていない。

浪人の身となった一斎は、そのまま江戸

を出て、大阪に行き、懐徳堂《かいとくどう》という学塾の中井竹山《なかいちくざん》に入門。そこで学問に専念し、研鑽を積み、また京都へ行くなど見聞を広めていったのである。

その後、関西から江戸に戻り、朱子学の宗家である林家の門に入る。その直後、林述斎《じゅつさい》が大学頭（学問所の長官）の地位を相続。この述斎こそ、先代岩村藩主の第三子であり、一斎とは幼少からの深い間柄であった。

そして、述斎を助けながら、林家と昌平坂学問所（江戸幕府の学問所）の学問を盛り立てていくことになるのである。

一斎は儒をもって身を立てることを決意し、学究と教育の道をたゆまず歩み続けていく。三四歳のときには、林家の塾長になる。また五五歳のときには、岩村藩の老臣の列に加えられている。

そして、七〇歳のとき、深く交わってきた林述斎が亡くなり、一斎は幕府により抜擢されて昌平坂学問所の儒官となる。

儒官とは、現在の大学長に相当し、名実ともに、江戸幕府の文教のトップとなったわけだ。すでに老年ではあったが、任官後一八年の間、その職を全うし、安政六年（一八五九）、昌平坂の官舎で長い生涯を閉じた。ときに八八歳。

●佐藤一斎の影響力

佐藤一斎は、歴史的に特別目立った業績を残したわけではないが、七〇余りの大名諸侯から招聘や諮問を受けたり、また弟子の数は数千名と言われる。そして何よりも注目すべきは、その門下で、渡辺崋山、佐久間象山、山田方谷、安積艮斎など、幕末から維新にわたって広く活躍した数多くの逸材が学んだことだ。

なかでも弟子の佐久間象山の門下からは勝海舟、坂本龍馬、吉田松陰、小林虎三郎などを、山田方谷の門下から河井継之助などの志士たちを輩出している。

さらには、吉田松陰の門下からは、高杉晋作、久坂玄瑞、伊藤博文などを世に送り出し、彼らが目ざましい活躍を見せることになる。

また、直接の弟子ではなくても、佐藤一斎は数多くの人物に影響を与えている。その代表として挙げられるのが、明治維新の立役者、英傑として名高い西郷隆盛。

西郷は一斎を私淑し、『言志四録』を愛読していたという。繰り返しこれを読み、そのなかからとくに深く感銘を受けた一〇一条を抜き出して編んだのが、『西郷南州手抄言志録』である。

だから、一斎の教えが、弟子へ、さらに孫弟子へ…というように受け継がれ、また直接的に、間接的に多くの若者たちに影響を与え、志士たちの志を育み、それが維新を形成していったとも言えるだろう。

ところで、一斎の学問の中心は、儒学のなかでも当時主流であった朱子学であるが、それにとどまらず、陽明学をも修めている。

しかし、立場上、公には官学である朱子学を教え、場合によっては陽明学も教えるといった具合であった。それは、彼の弟子には朱子学者も陽明学者もいることが物語っている。

そうした彼のありかたに対して、「陽朱陰王」（外向きは朱子学だが中身は陽明学である）といった評を受けることもあったが、一斎の学問の自由さ、幅広さを示しているものと言えるだろう。

なお、朱子学とは、南宋の朱熹《しゅき》によって大成された儒学説で、日本では江戸時代に普及して、官学として封建社会の中心思想となっている。一方、陽明学とは、中国、明の王陽明が唱えた儒学説で、形骸化した朱子学の批判から出発し、時代に適応した実践倫理を説いたものである。

（注）「関係人物列伝」中の人物の年齢は数え年を記している。

第二章 克己

L'AUTODISCIPLINE

己に克つ前に、己を知る

孔子は『論語』のなかで、欲望や邪念を捨て去り、規律を守ることが仁徳を備える道だと説いた。自分の欲望や邪念を捨て去ること、これが克己だが、孔子のような清明な人がもつ克己心を一般の人が身につけるのは難しいのが現実だろう。

物欲や出世欲などは、現代人なら誰もが抱く欲だからである。人よりも良い生活がしたい、人よりも少しでも早く昇進したい、誰もが憧れる著名人になりたい、こうした欲は、自己成長という観点からすれば、自然な欲望といえるかもしれない。

しかし、自然に沸き起こる欲が適度に収まるのであればよいが、エスカレートしていくと始末に負えなくなる。そうした懸念があるからこそ、克己が尊ばれるのである。

克己は日常的に心がけることで、気持ちが引き締まり、他者への思いやりの心も生まれてくる。さらには、無心の境地に近づき、何事にも慌てふためかない、落ち着いた心持ちを育む。まさに自己鍛錬に克己は欠かせないのである。

それでは克己心を磨くにはどうしたらよいのだろうか。

その第一歩は、己を知ることである。

自分の性格や気質を知り、何に興味をもつのか、どんなことに注意が向くのかを立ち止まって考えてみるのだ。

そして、その興味やこだわりの対象が自分にとって必然なのかを熟慮する。熟慮する過程では、なぜ自分がそうしたことに興味をもつに至ったかを振り返ってみる。そうやって、自分のなかに自然に抱く欲望の根源を知るのだ。

その根源がわかりさえすれば、欲を抑える手立てもわかるようになる。ここに自らの気持ちをしっかりとコントロールする自制心が生まれる。自制心が強くなるほど、克己心も磨かれていく。こうした好循環によって、仁徳が備わっていくのである。

ところで、克己心を強くもつためには、孤高の意志も必要となる。周囲の意見に惑わされず、自分軸によって物事を判断するとき、傲慢だと思われることがあるかもしれない。しかし、その判断が大局から見て道理に適っていれば、何も臆することはない。信念に基づく判断なら、自信をもって下すがよい。克己心を磨く過程では、人に誤解されるようなこともあろうが、目指すべき道に間違いがなければ、その道をひたすら進めばよいのである。

二九

己の欲に打ち克つには

己の欲に打ち克つには、
気持ちが欲に傾きそうな
そのほんの一呼吸の間、
欲を捨て去る心がけをすることだ。

邪念が湧いたら、その一瞬、無心になることを心がける

言志後録　第三四条

三〇

心を奮い立たせる方法

学ぶ心を強くしたければ、
発憤の「憤」の一字に込められた意味をよく考えよ。
孔子の高弟、顔淵が
「聖君である舜王も自分も同じ人間じゃないか。
気持ちを強くもてば、舜王のようになれるのだ」
と言ったのは、
まさに「憤」が前向きな気持ちを強くすることを表す話だ。

言志録　第五条

自分を発憤させる出来事や言葉などは何かを考えてみる

三二

艱《かん》難《なん》辛《しん》苦《く》に対する態度

我々が遭遇する苦労や変事、
屈辱、非難、思いどおりにならないことはすべて、
天が我々を成長させるために与えた試練である。
そのどれもが己を強く磨くために必要なことばかりだ。
だから、道に志す者は、こうした出来事に遭ったら、
どう乗り越えるかをよく考えるのだ。
決して、逃げるな。

言志録　第五九条

艱難辛苦、修羅場こそ自らを成長させる

一一三

欲をふさぐ

鍋の中の湯が蒸発すると、湯気となる。
この湯気が漏れ出ると、鍋の湯は減る。
ふたでふさげば、湯気は外にもれない。
露となり、したたり落ち、鍋の湯は減らない。
同じように、
人も欲をふさげば、心身ともに養われるのだ。

過剰な欲は心身ともに害を与える

言志録　第一一三条

三三二

権威に負けるな

立派な人となるには、
容易に他人に頼らない。
独立心を胸に、
自信をもって行動をすることが大事だ。
自らの出世のために、
権威に媚びへつらってはならない。

自分軸をつくる。それが権威に打ち克つ力となる

言志録 第一二一条（南洲手抄言志録 九）

三四

逆境を力に変える

順境、それはうららかな春のようだ。
まるで穏やかな陽気のなかで花を愛《め》でる心持ち。
逆境、それは寒さ厳しい冬のようだ。
まるで芯から凍える部屋で降る雪をじっと見つめる心持ち。
春は心ゆくまで楽しむのがよい。
そして、冬も悪くない。
冬こそ耐え忍ぶなかに光明が見つかるからだ。

逆境を乗り越える知恵こそ、自らの成長につながる

言志後録　第八六条

三五

本当の自分

自分の「才能」や「性格」、
どこが良くて、どこが悪いのか。
それを知れば本当の自分が見えてくる。

自分の長所と短所を整理してみる

言志後録　第一七八条

三六

失敗を自分磨きに使え

得意絶頂のときこそ恐れ、雀躍してはならない。
失敗の多くは得意のときに起こるのだ。
失意どん底のときこそ心を鎮め、慌てふためくな。
失敗が反省を促し、失意が自分を磨いてくれるのだ。

失敗から学んだことを必ず書き記す

言志耋録　第三二条

三七

怒りと欲

怒りが心に溢れると気があらくなり、
欲望が頭に渦巻くと心は消耗する。
だから、怒りや欲望を抑えよ。
それが心の修養となり、身体の養生になる。

怒りや欲望の原因を考えると気持ちは落ち着く

言志後録　第九七条

三八

バランス感覚が大事

腰が重く、行動を嫌う者を怠け者という。
行動を好み、腰が軽い者をせっかちという。
せっかちは事態を鎮めることができない。
怠け者は事を進めることができない。
ただ、冷静沈着に物事の動静を直視し、
慌てず怠けず対処できる者が、
事態を鎮め、事を成すことができるのだ。

言志後録　第一三一条

冷静でいるためには現実を直視し、バランスを保つことだ

三九

決断するとき、謹厳するとき

始末をつけるには、決断しなければならない。
ただ、この決断が時おり、軽率になされることがある。
物事を執り行うには、謹厳に進めなければならない。
ただ、謹厳にこだわりすぎると、融通が利かなくなることがある。
このことを、心に戒めよ。

言志耋録　第一一二条

決断にも謹厳にも程度がある。加減に注意する

四〇

時おり、行うべきこと

時おり、自分の心を奮い起こそう。
時おり、自戒し悟りを開こう。
時おり、自己の言動を省みよう。
時おり、自分自身を叱咤激励しよう。

言志後録　第一四二条

日、週、月、年という節目ごとに自省し、また自己を奮い立たせる

四一

克己復礼

濁った水も水にはかわりなく、
澄むと清らかな水になる。
血走った勇気も勇気にはかわりなく、
何かのきっかけで一転すると本物の勇気となる。
その何かとは、私利私欲に打ち克つ心がけ、
そして、人への礼節を重んじる心がけだ。
ただこれを日々実践すればいい。

私利私欲に打ち克つ。礼儀正しくある。
これを実践することで人間力は磨かれていく

言志晩録　第一七条

四二

破滅の原因

自己を失う。
自暴自棄になれば、
周囲の人は君から離れていく。
人を失う。
人が離れていけば、頼るところを失い、
ついに君は、何もかも失うのだ。

自分を失えば、人も失うのだ

言志録　第一二〇条（南洲手抄言志録　八）

四三

いま、このときに集中する

いま、このときに心を集中させよ。
これからのことを不安に思ってみても、
どうにもならない。
過ぎ去ったことを悔やんでみても、
過去を取り消すなんてできやしない。
過去や未来のことを思い煩えば、
心は空をさまようだけなんだ。

言志晩録　第一七五条（南洲手抄言志録　七七）

いま現在やるべきことは何か？　いまに集中すれば心は落ち着く

四四

災いを生むもとを絶つ

余計な物事を見たり聞いたりするな。
そのためには
心の耳目を強くせよ。
うっかりしたことを言ったりしたりするな。
そのためには
ちょっとしたことに心が乱されない軸をもて。

軽率な言動が災いを生む。軽い調子の言動を厳に慎む

言志晩録　第一七六条

四五

欲の大小

欲には、大欲と小欲がある。
色欲や所有欲、権力欲などといった大欲は、
自分でもそれとわかるので、
ひょっとすると、それを乗り越えることができるかもしれない。
しかし人よりも良い暮らしをしたいといった小欲は、
それが欲だとは気づきにくい。
だから小欲は、なかなか捨て切れないのだ。

言志晩録　第一八〇条

欲とは、他人との比較から生まれる

四六

艱《かん》難《なん》汝《なんじ》を玉にす

薬は、苦みのなかから甘味がにじみ出てくるものほど、
多くの効能があるという。
人も艱難辛苦を経験するほどに、
深く細やかな思考力が自然とにじみ出てくるようになる。
これが、物事を成就させる力となるのだ。
まったく、良薬と同じ効能である。

若いうちの艱難辛苦は、自己を成長させる良薬となる

言志晩録　第二〇四条

四七

石の重さ、木の強さ

石は重みがある。だからじっと動かない。
木は深く根を張る。だから引っ張っても抜けない。
人は自重する。そうすることで、
石や木のように、
重みと強さが備わるのだ。

自分を律する確固不抜の精神が心の強靭さを育む

言志晩録　第二二二条

四八

己を知るのは難しい

孫子の言葉に、
「敵情をよく知り、味方の情勢をよく知れば、
百戦しても百勝する」とある。
他人の気質を知るのは難しいようでいて、
実はたやすい。
かえって、
自分の気質を知るのはやさしいようでいて、
実は難しい。

「自分とは何か」を突き詰めて考えてみる

言志晩録　第一〇三条

四九

克己の一歩

自分の気性を知ることは、
自分に打ち克つ一歩となる。
話し方や所作はすべて懇切丁寧に、
穏やかに、緩やかにを心がける。
決して、
感情を荒げても、激しくしても、
気ぜわしくしてもいけない。

己に打ち克つためには、まずは自分の気性を理解せよ

言志耋録　第三九条

五〇

良薬は口に苦し

心を苦しめる深い苦悩のなかから、
真の知恵は生まれてくる。
それとは逆に、
何不自由のない暮らしに浸っていると、
考える力は失われていく。
これはちょうど、苦いものは良い薬となるが、
甘いものは体に毒となるのと同じだ。

苦難を乗り越える知恵こそが、成長の原動力となる

言志耋録　第三一条

五一

賞賛と非難の受け止め方

賞賛を受けても、慢心するな。
その賞賛にふさわしい言動にただ励め。
世間から非難されても、耳をふさぐな。
その非難の原因が何かをよく考えろ。
こう受けとめることができれば、
賞賛も非難も己の成長に利することになる。

人からの評価を冷静に受け止める人間になる

言志耋録　第二一一条

五二

己の耳目で確かめる

自分の言ったことは自分の耳で確かめる。
自分の行ったことは自分の目で確かめる。
自分の目で視て、
自分の耳で聴き、
心に恥じるところがなければ、
人は心服してくれるだろう。

自分に恥じない、自分に嘘をつかない克己の習慣を心がける

言志晩録　第一六九条

五三

自分には厳しく、他人には寛大に

自分の失敗に自らを厳しく責める人は、
他人にも厳しい。
他人の失敗に寛大な人は、
自分にも甘い。
これはどちらか一方に偏っていてよくない。
尊敬を受けるには、自己を厳しく戒め、
他者を寛大に赦《ゆる》すことができなければダメだ。

自律心とは、自分を厳しく律し、
他者を赦せる大らかな心がなくては育まれない

言志録　第三〇条

関係人物列伝

2

弟子、佐久間象山の自分に負けない生き方

●佐藤一斎に入門

幕末維新の世に多大な影響を与えた佐久間象山が、故郷松代藩(長野県松代町)を離れ、佐藤一斎に入門したのは、天保四年(一八三三)の冬。象山、二三歳のときである。

当時の江戸には、有名な儒学者が多くいたが、そのなかでも佐藤一斎は経学(四書五経など儒教の教典を研究する学問)、文才では並ぶ者がいないとされていた。全国の英才はこの門を叩かないのは恥というくらいで、一斎のもとには、諸藩から学問を好む者、志の高い者が数多く集まった。

だから佐藤一斎門下には多くの秀才たちがいたのであるが、なかでも頭脳の明晰さや学業に専念する姿勢などで象山の右に出る者はないとされ、ついには山田方谷《ほうこく》(130ページ参照)とともに門下の二傑と言われるようになる。

この佐久間象山と山田方谷の二人に関する逸話として、次のようなものがある。

佐藤一斎の塾には寄宿舎があり、同時期に門下にいた二人も、他の塾生とともにここに寄宿していた。

ある夜のこと、象山と方谷が論争を始め、互いに譲らない。白熱した討論は一晩中続いたが、終わらなかった。こうした二人の議論は毎日続く。こうなると、他の塾生たちにとってはとんだ迷惑だ。

そこで、代表者の一人が一斎のところにお願いに上がることに。

「先生、毎晩夜更けになり、我々が寝ようとするころになると、激論を交わす者がいて困っております。ぜひ、先生からのお叱りをお願いしたいのですが」と願い出たのであった。

すると一斎は、

「激論を交わす者とは何者か」と尋ねる。

塾生は答える。

「象山と方谷であります」

実は、ふすまの穴から二人の討論を聞いていた一斎はこう言う。

「あの二人がやるんだったら、お前たちは我慢するしかないな。まあ、やらしておきなさい。象山も若いのになかなか鋭い意見を述べている。方谷もさすが塾頭だけあって象山の理論をいつの間にか論破している。お前たちも聞いてみろ。面白いぞ」

これを聞いた塾生たちは、しゅんとしてしまったそうである。

当時の一斎の塾の様子を物語る逸話であるが、この話から毎晩深夜まで激論を交わした二人の学問に対する志の高さ、熱心さがうかがえる。また、二人を責めるどころか、ほめている師の寛容さ、心の広さが伝わってくる。

こうして、象山は一斎の教えを受けていくのであるが、対立するところもあった。象山は、一斎が朱子学を講じる一方、密かに陽明学も教えているのをよく思わず、「これから私は、先生から文章と詩の教えは受けますが、経学は受けたくありません」と言ったそうである。象山は朱子学にこだわっていたのである。

しかし、一斎の文章には心服していたようである。わが国における近世詩文の大家はだれかを尋ねられた象山は、「文」については佐藤一斎と答えたと言われている。象山はみだりに人を称賛するような人物ではかったようだから、一斎の文才には敬服していたことがうかがえる。

●多方面で活躍を見せる

佐久間象山は文化八年（一八一一）に信州松代で生まれた。父は佐久間一学で、信州松代藩主真田家の家臣であった。象山は幼いころから聡明で神童と称されるほどであった。初めは父から読み書きの手ほどきを受け、成長するとさまざまな師について学び、和漢の学、易学、数学などを修めていくのであった。天賦の才をもつ象山の学問の進歩は目覚ましく、藩主真田幸貫《ゆきつら》にもその才能を認められ、二一歳のときに近習役（主君のそば近くに仕える役）に抜擢されている。

そして、藩主から学費を与えられ江戸に遊学し、佐藤一斎の門に入ったのである。これについては前述のとおりである。

江戸に遊学した後、藩命により帰省して、儒学を藩の子弟に教えるようになる。そして再び江戸に上り、神田に象山書院という塾を開く。そこで門人に経書詩文の講義をし、一方で佐藤一斎の門に出入りして研鑽を重ねるのであった。

やがて一斎門下の俊才として、その名は江戸中に広まっていく。名が広まるとともに、象山と交流をもとうとする者も増え、門人の数も次第に増えていった。

天保一三年（一八四二）、幕府の老中であった藩主真田幸貫が海防係に就任し、象山を推薦してその顧問とした。そこで象山は幸貫に対し海防に関する意見書を上申する。これが有名な『海防八策』。しかし、その努力はむなしく、幸貫が役を辞してしまったため、象山の策は実施に至らなかった。

また、同じ年に伊豆の韮山に行き、西洋流の砲術を学んでいる。西洋流砲術を学んだことにより、蘭学の必要性を痛感する。

そこで、蘭学を学び始め、これを短期間で

修めてしまうのであった。

これ以降、兵学のみならず、西洋の学問そのものに大きな関心を寄せるようになる。その一例として、ガラスの製造を行うなど実利実益を得ることを試みている。

このように象山は多方面での活躍を見せたのであった。

●凶刃に倒れる

嘉永四年（一八五一）、象山四一歳。江戸に出て、小挽町に塾を開き、砲術などの教授を行う。当時、象山は砲術の大家として名をなしており、勝海舟、坂本龍馬らがまず入門。続いて吉田松陰（177ページ参照）、小林虎三郎、橋本左内など、数多くの志士たちが入門している。

そして二年後、ペリー率いるアメリカの艦隊が浦賀に現われる。このとき象山は、藩の軍議役に任ぜられ、奔走する。さらに翌年、アメリカ艦隊が再び来航すると、このときも軍議役となり、横浜に出張している。

ところがこの年、弟子の吉田松陰が密航を企て、失敗するという事件が起こる。象山も密航を教唆した罪で逮捕され、伝馬町の牢獄に投じられる。その後は、松代での蟄居《ちっきょ》（一室に謹慎）生活を余儀なくされるのであった。

九年にも及ぶ謹慎生活を送った象山は、ようやく処分を解かれ、藩政への復帰を果たす。

　そして二年後の元治元年（一八六四）、象山は将軍家茂の命よって京都へ行き、家茂および一橋慶喜と面会する。開国に向けて進んで取り組み、公武合体に尽力し、その時流を見抜いた優れた献策・論説は重んぜられた。

　身分・役職は低かった象山であったが、その名声は朝廷・幕府の間に広まり、重要人物となっていったのである。

　しかし、討幕派と攘夷派は象山を国賊とみなし、その首を密かに狙っていたのである。しかも当時の京都は尊皇攘夷派の志士の潜伏拠点となっており、象山の行動は危険なものであった。そして、ついにこの年七月一一日、三条木屋町通で浪士の凶刃に倒れる。象山五四歳。

　その死からわずか四年後、明治維新を迎える。

●象山の不撓不屈《ふとうふくつ》の精神

　佐久間象山は、自信過剰で傲慢なところがあり、そのせいで敵が多かったと言われている。この傲慢な気質は短所でもあり、また長所でもあったのだろう。この性格がなかったら、その後の活躍もなかったのかもしれない。

　そして、この性格は生涯変わることがなかった。

　数々の業績を残したにもかかわらず象山

の評価が低いのは、その性格に由来するところが大きいとも言われている。

ただし、そのような評価である一方、象山の門弟には、吉田松陰をはじめ、小林虎三郎や勝海舟、橋本左内、坂本龍馬などがおり、後の日本を担う人材を多数輩出し、幕末維新の世に多大な影響を与えたことは事実である。

そして何よりも、どんな困難にあっても決してくじけない心、不撓不屈の精神で、三〇年にわたり、海防問題などに取り組んできたことに注目すべきであろう。

そのため九年間もの謹慎処分を受けているが、それでもなお自論を変えず、朝廷・幕府のために尽力している。

いかに危険が迫っていても、そのために自分の所信を曲げるようなことはしなかった、これが結果的に、志なかばの死を招くことになってしまうが。

象山の自分を曲げない生き方、これは人に負けないことはもちろん、自分にも負けないという強固なものである。

この天地を貫くような強い志、その生き方には、「自分に打ち克つ」という克己の精神を見ることができるだろう。

第三章

処世

LA SAGESSE MONDAINE

ありのままに生きる

佐藤一斎は、「人の運命はすでに定まっている」と説いた。「物事に陰と陽がある。昼と夜があり、太陽と月があり、そして春夏秋冬があるのはすべて定まった理によるもの」。それと同じく、「人の富貴貴賤、死生寿命、利害や盛衰などはすでに決まっている。これを無理に変えることはできない」と結論づけている。

ただ、これは諦観を表明しているのではない。人にはそれぞれ天命があるのだから、まずはその事実を受け止めよと説いているのだ。何が起きてもそれは天命だと悟ることで物事に落ち着いて対処できるようになる利点を唱えているのである。そのためには、一日一日を大切に生き、床につく前にその日を反省する習慣がよいとしている。

実際に一斎はそれを実践して生きた。鶏の鳴き声がするころに起床し、心を澄まして黙坐することを日課とした。それから寝床を出て、顔や手を洗い、口をすすぐ。気が向けば本を読み、そうでなければ自分に与えられた仕事をする。夜になれば再び黙坐し、その日を振り返る。こうして自分らしく生きることに努めたのだ。

ところで、ここで注意しなければならないことがある。自分らしくありのままに生きることと、自由奔放に生きることを同一視してはならないということだ。自由奔放にして生きては、わがままとのそしりは免れない。人は、人との関わりのなかでこそ生きていける。その思いがなければならない。

そこで求められるのが、処世である。処世とは、人との交わりのなかで生きていく術《すべ》である。処世で大事なことは、他者への配慮、慮りの気持ちである。自分がされて嫌なことは人には絶対にしないといった、他者尊重の心を養うことである。

このとき、過度に他者に配慮することには留意する。過度な配慮は卑屈につながる。相手も大事なら、自分も大事である。相手も自分も尊重するには、適度な関係が最も好ましい。「人間関係は付かず離れずがちょうどよい」――この感覚が処世なのである。

これからの日本は、グローバル化がますます進むなど、さらに人の生き方が多様化していくだろう。そうしたなかで、ありのままに生きるには、いま以上に人との関わりについて深く考えることが求められる。

だが、それを厄介なこととしないためにも、自分らしさを保ちながら、人への配慮を忘れない行動習慣を備えることが大事であろう。

五四

生き方上手

人の一生には、
険しい道もあれば、平坦な道もある。
せせらぎのような流れもあれば、荒波の立つこともある。
これは自然の成り行き、免れることはできない。
変化流転の理を説く『易経』の道理そのものである。
だから、人は自らの境遇をありのままに受け入れ、
ただ現実を楽しめばいい。
これを恐れて逃げるようでは、生き方上手とは言えない。

言志後録　第二五条（南洲手抄言志録　二五）

いま置かれている境遇に楽しみを見つける。
これが一日一日を大切に生きることにつながる

五五

素直だから生きていける

「人の交わりのなかで生きていられるのは、素直だからである」
この『論語』の言葉の意味をよく噛み締め、
それができているかどうかを、
自らの言動に照らし合わせて考えてみる。

言志耋録　第五八条

どんな場合においても、素直さが良好なコミュニケーションにつながる

五六

いましている過ち

過去の過ちを後悔する者はいるが、
いましている過失を改めようとする者は少ない。

昔の過ちを振り返ると同時に、
いまの振る舞いを客観的に見つめることも大切だ

言志録　第四三条

五七

名声と利得

望まずに与えられた名声は、実力によるものだ。
欲を出さずに得られた利得は、正当な行いによるものだ。
自然に得た名声や利得は、
遠慮することなく受け入れよ。
ただ、
名声を自ら求め、利得をむさぼれば、
何らかの弊害をもたらすことを知れ。

名声や利得を欲しがった時点で徳は失われる

言志耋録　第二〇五条

五八

盛者必衰

望む地位を得たならば、
一歩退く姿勢をもて。
高く昇りつめた龍、
すなわち栄達を極めた者は、
その後は退く運命にある。

頂点を極めたときこそ、退くときのことを考えよ

言志録　第四四条

五九

慣れが失敗を招く

働きはじめてまだ仕事に慣れないうちは、
急な坂道をのぼるようなものである。
一歩一歩確かめながら行くので、
失敗することが少ない。
ところが仕事に慣れてくると、
坂道を下るような感じとなる。
一歩一歩は容易だが、勢いに任せてしまうので、
つまづき転びやすいのだ。

「慣れ」は注意力や集中力を散漫にする。「初心忘るべからず」

言志晩録　第一五二条

六〇

恥を知れ、後悔を知れ

人としての恥とは何かを知れ。
後悔する言動とは何かを知れ。
そうすれば、
後悔することはなくなり、
恥をかくこともなくなる。

人は恥を知れば悔い改める

言志晩録　第二四〇条

六二

大きな問題を解決するには

私は大きな問題を片づけるときには、
治療する前に鍼《はり》で痛みを鎮めるように、
心の奥底に数本の鍼を打って心を鎮める。
そして熟考した後、
一気に取りかかるよう心がけている。

大きな問題を解決するときは、心を鎮めて事にあたる

言志録　第二三条

六二

足るを知れば、心が富む

自分の身のほどをわきまえる。
そうすれば、
いまの自分に満足できる。

背伸びせずに、自分が心から満足できる生き方とは何か

言志録　第四二条

六三

求めなくてよい

無理に幸福を求めなくていい。
災禍がなければ、それが幸福と言えるじゃないか。
無理に栄誉を願わなくていい。
生き方が恥ずかしくなければ、それが栄誉と言えるじゃないか。
無理に長生きを祈らなくていい。
若死にしなければ、それが長生きと言えるじゃないか。
無理に裕福にならなくていい。
飢えさえしなければ、気持ちは裕福と言えるじゃないか。

何事もとらえ方、心のもち方次第で、人生は最良となる

言志耋録　第一五四条

六四

楽しみは心のもち方にあり

心に楽しむところがなければ、
人生は面白くならない。
楽しみは自分の心のもち方次第だ。
誰かが与えてくれるものではない。

言志耋録　第七五条

辛いと思ったら、どこかに楽しみを見つける。するといと道が見えてくる

六五

言行の不一致

暑さや寒さが季節はずれであるとき、
その天候不順に不平を言う者は多い。
それなのに、
言ってることとやってることが違っても、
自ら反省し自戒する者は少ない。
いかに自分の言動を省みない者が多いことか。

言葉にしたことは必ずやり遂げる専心の心をもて

言志耋録　第七四条

六六

できないことは口にしない

言葉を慎む。
すると、
行動も慎重になる。

まずは言葉を慎め。そうすれば言行は一致する

言志録 第一八六条

六七

人も自分も欺くな

財産を運用するうえで大切なこととは、
人を欺かないことだ。
人を欺かないということは、
自分自身を欺かないことだ。

自分に嘘をつかないことが信用につながる

言志後録　第二二一条

六八

口を慎む

人は何と言っても口を慎まなければならない。
ここで言う口には二つの意味がある。
一つは言葉を発する口であり、
もう一つは食べ物を入れる口である。
言葉を慎まないと、禍いを招き、
食べ物を慎まないと、病気を招く。
「禍いは口より出て、病は口より入る」
ということわざのとおりだ。

「禍いは口より出て、病は口より入る」言葉と飲食ともに慎め

言志録　第一八九条

六九

才能は鋭き剣

才能は、剣のようなもの。
よく用いれば、身を守ってくれる。
しかし使い方を誤れば、
破滅を招くことになる。

せっかくの才能を誤ったことに用いる者もいる

言志録　第六四条

七〇

正しい名誉欲と金銭欲

名誉欲と金銭欲はそれ自体悪いものではない。
ただ、これを自分のためだけに欲してはならない。
この二つの欲は誰もがもつが、
自分に相応な中程度のものであれば問題ない。
この二つの欲、注意しなければ際限なく求めることになるが、
人によって、その大きさには違いがある。
その人の立場や役割に応じて、中庸を保てば道理にかなう。
なかには名誉欲と金銭欲は禍いをもたらすと心配する者がいるが、
正しく求めるならば、禍いなど起こりはしない。

言志後録 第一二二条

名誉とお金、ほどほどに得るなら問題はない

七一

信用が金銭をもたらす

人からの信用をしっかりと得れば、
お金は自然と入ってくる。

信用を強くすることで、お金に困ることはなくなる

言志後録　第二二四条

七二

理解と実行

嘘をついてはならないのは人情であり、
人をだましてはならないのは天の道理である。
このことは誰もが知っている。
それなのに、誰もがこれに反している。
うわべだけわかっているようで、
本当はわかっていないのだろう。

言志後録　第一一七条（南洲手抄言志録　三七）

理解していても行動が伴わなければ、本当に知っていることにはならない

七三

無駄な会話

人の言うことをまじめに聞いてくれる人であれば、
初対面でも話をしてもいいだろう。
一方、人の話を適当に聞く人と会話をすることは、
時間の無駄ばかりか、
話が曲解されてトラブルになるかもしれない。
全くばかばかしい。

相手の話を謙虚に聴けない人は人間性に問題があることが多い

言志後録　第一六八条

七四

自重を知り、己を律する

我々は、自重、
つまり身を慎み、軽率に行動せず、
自らを重んじることを
知らねばならない。
天から授かった生まれつきの徳は最も大切にし、
父母から与えられたこの身体も大切に扱おう。
立ち居振る舞いは人から見られ、
言葉は信用を築くものだから、
これまた自重しなければならないのだ。

自重の心が人から信頼されるうえで大事となる

言志後録　第六条

七五

賞罰の割合

賞罰はその時々の業績などにあわせて、
軽重のバランスを変えていかなければならない。
ただその割合は、十のうち、
賞が七、罰が三というのが目安だろう。

賞よりも罰の割合が上回るとき、組織内は険悪になるものだ

言志録　第二二八条

七六

人の才能の見方

人の才能には、虚と実がある。
虚とは、賢そうに見えるが浅薄であり、実際には使えないもの。
実とは、見るからに才能豊かであり、実際に使えるもの。
こうした見方で識別するとよい。

うわべに惑わされないためには、端的な質問で本当の姿を探る

言志後録　第二一一条

七七

話し方で注意すること

人と話すときに注意したいこと。
それは、
長々と一方的に自分の話したいことを話すこと。
これは厳に戒めよ。
言葉を選び、簡単な言葉で、
相手に伝えたいことをわかりやすく伝えよ。

相手に伝えたいことは何かを考え、相手に伝わるように話す

言志後録　第一九二条

七八

情は水のごとし

人情とは、水のようなものだ。
穏やかな流れやさざ波を打つように、
相手の気持ちを思いやるのがよい。
もしこの人情の水を刺激したり、無理に押しとどめたりすれば、
たちまち大波を引き起こすことになる。
水を扱うように、
やさしく対処することが肝要だ。

言志後録　第一六九条

人間関係の流れをせきとめたりしてはならない

七九

人とのつきあい方

寵愛を受け過ぎると、
周囲の者から恨みの目で見られる。
あまりに懇意になり過ぎると、
相手から疎まれるようになる。

淡白だが礼を失しない程度の付き合いが長続きする

言志録　第四五条

八〇

失敗を免れ、福を呼ぶ

失敗を免れるためには、
謙虚な心と譲る心を胸に抱く。
福を招き入れるためには、
恵む心と施しの心が大事になる。

言志耋録　第一五二条

謙虚な気持ちと人に分け与える心が暮らしを平穏に保つ

八一

謙譲と驕争

手柄を人に譲り、失敗を自分で背負うことを「譲」という。名声を人に譲り、悪名を一身に受けることを「謙」という。そして、「謙」の反対が「驕」であり、「譲」の反対が「争」である。「驕」と「争」が身を滅ぼすもとになる。戒めよ。

言志耋録　第一二七条

手柄や名声を求めず、謙虚でいることが美徳につながる

八二

心身の養生訓

心身を養い、長寿を全うするには、
自然に任せ、無理をしないことが一番だ。
健康に生きようと過度に欲を出すと、
健康が気にかかり、かえってよくない。
蘭の花はその香りをかごうとすると、匂いがしない。
かごうとしなければ、自然と香りが感じられるものだ。
心身の養生もこれと同じである。

言志後録　第四三条

過度に健康を気遣うと心身ともに疲弊してしまう。何事も適度がよい

八三

準備は周到に、実行は手早く

物事を考えるときには、
周到に、綿密に。
熟慮して考えが決まったなら、
やるべきことを手早く進めよ。

熟慮して考えが定まったら、事は速やかに進めることが肝要

言志録　第二六条

八四

難事への対応

対処困難な出来事に遭ったら、
みだりに動くな。
好機が来るのを待って、
それから対処せよ。

難事に遭遇しても、あわてるな。一息入れてから、やるべきことを考えよ

言志録　第一八二条

八五

物を増やすな

物が一つ増えれば、
やることが一つ増える。
やることが一つ増えれば、
煩わしさが一つ増える。

言志録　第二一九条

身の回りをすっきりと片づければ、その分、煩わしさが減り、心が落ち着く

八六

天命は変えられない

人間には、
天命を変えることなどできない。
ゆえに、
人生は往々にして望んだ方向には行かず、
予期せぬ道に進むことになる。
自分の過去を振り返ってみれば、
よくわかるはずだ。

運命が変えられないなら、その運命にいかに合わせられるか、
それが生き方のコツだ

言志録　第二四三条

八七

問題解決の心得

ものごとや事件が起きたとき、
あれこれ深く考えると、
かえってうまく対処できないことがある。
むしろ、
気軽に考えて対処したほうが、
要領を得た結果になることが少なくない。

問題を複雑に考え過ぎると、解決の糸口が見えなくなることがある

言志後録　第六一条

関係人物列伝 3

佐門の一翼、山田方谷の誠を尽くした政治

●佐門の一翼、山田方谷

佐藤一斎門下（佐門）の二傑と称されたうちの一人が山田方谷《やまだほうこく》だ。

方谷は、幕末の備中松山藩（岡山県高梁市）で、傾いていた藩の財政を見事に立て直すとともに、民衆の生活の安定のために力を尽くし、大きな功績を残した人物である。

山田方谷は、文化二年（一八〇五）、備中松山藩領に生まれる。父は五郎吉重美。山田家はもともと武士であったが、五郎吉の頃には農業と菜種油の製造・販売業を営んでいた。

方谷は、幼い頃から神童と呼ばれ、五歳から一六歳になるまで、備中松山藩の隣、新見藩の藩校教授をしていた丸川松陰《まるかわしょういん》に学ぶ。松陰は、五歳という幼い方谷の入門に驚くと同時に、その非凡な才能に感心したとされている。

なお、丸川松陰は、宝暦八年（一七五八）に生まれ、一五歳のときに朱子学を学んだ

後、大阪の中井竹山の塾に入門して本格的に儒学を学ぶようになる。この塾には、少しおくれて若き日の佐藤一斎が入門するが、二人は机を並べ、親しく交流したとされている。

その後方谷は、一六歳のときに父五郎吉が亡くなったため、丸川松陰塾を去り、家業を継ぐことになる。昼は農業のほか菜種油業に精を出し、夜は勉学に励む日々が続く。

そして、二一歳のとき、備中松山藩から呼び出しを受けた。出頭した方谷は、藩主板倉《いたくら》勝職《かつつね》から次のような内容の沙汰書を受け取る。

「農商の身でありながら、学問に精進する心がけは誠に感心である。二人扶持という俸禄を与える。時々藩校の有終館で学び、後日、御用にたつように」

いわば一種の奨学金を与え、優秀な人材は藩校で学べるという道が開かれていたのだ。

方谷は藩校で学び、二人扶持を与えられた二年後に京都に遊学する。そして、三回の京都遊学に続いて江戸に出て佐藤一斎に入門し、さらに学問に磨きをかけていくことになるのであった。

●佐藤一斎に入門

方谷が佐藤一斎に入門したのは、天保五年（一八三四）、三〇歳のときのことである。方谷より六歳年少の佐久間象山が入門したのは、方谷の入門の二カ月前のことであった。

方谷は、天下の秀才が集まる佐藤一斎塾ですぐに頭角を現していく。

そして象山らをおさえて塾頭になるが、いかに方谷が優秀であったか、その秀才ぶりがうかがえる。

方谷と象山のエピソードについては、すでに紹介したとおりであるが、次のような逸話も残されている。

ある日、象山は五種の花と二羽の鳳凰《ほうおう》の文様のついた古鏡を手に入れた。

象山はこれを塾生たちに自慢する。すると方谷は、

「五花双鳳鑑の歌　佐久間子廸《してき》のために」

という題の古詩を象山に送った。子廸とは象山のあざなである。

詩の内容は、

「五種の花と二羽の鳳凰の文様のある鏡を君は手に入れたそうだが、ちゃらちゃらしたものに心を奪われてはならん。それより、もっと君の心にある明鏡を磨くことだ」

というものである。

象山はこの詩を受け取ると、思わず鏡を隠してしまったそうである。

また、後に方谷は、弟子の河井継之助《かわいつぎのすけ》（272ページ参照）に象山の人物像を問われ、次のように評している。

「温良恭倹（謙）譲の一字、いずれある」

つまり、象山には、温（おだやか）・良（すなお）・恭（うやうやしい）・倹（つつましい）・譲（ひかえめ）の一つもないということである。

方谷と象山、この二人には性格的に相容れないところがあったのであろう。

さて、方谷は良き師に出合い、学問に打ち込む日々が続いたが、江戸遊学の期限が到来した天保七年（一八三六）に一斎塾を去ることになる。その際に、一斎は方谷に「盡己《じんき》」という書を贈ったそうである。「盡己」とは、己、わが心を尽くすといった意味である。

●藩政改革を断行する

備中松山藩に帰ってからの方谷は、藩校有終館の学頭（校長）などを務めていたが、板倉勝静《かつきよ》が藩主となると、勝静に是非にと頼まれ、元締役兼吟味役、いまでいえば財務大臣に就任することになる。元締役は、藩財政運営の責任者で、吟味役とはその補佐役。この二つを兼ねるというのは、藩の財政運営をすべて任せられることを意味する。当時、方谷は四五歳、藩校の校長から藩の中枢を担うポストに大抜擢されたというわけだ。

ところが、当時の備中松山藩の財政状態は火の車。とても危機的な状況にあった。

借金の利子を支払うのに精一杯で、元金はそのままにして、さらに借金を重ねるといったありさまである。

そこで、財政責任者となった方谷は、次のような藩政改革に取り組む。

「上下節約」―藩主勝静の藩政改革の大号令を受けて、倹約令を発布。この倹約令は上から下までの節約をうたったものであるが、実際に対象となったのは中級以上の武士と裕福な農民や商人であった。

「負債整理」―藩の財政状態を公開し、しっかりとした返済計画を立て、借金の返済を行った。あわせて、大阪にあった蔵屋敷(倉庫付きの屋敷)を廃止し、藩内の各所に蔵を設置。この蔵は、飢饉などのときは米の備蓄倉庫としても機能した。

「藩札刷新」―藩札は各藩が発行できる紙幣であるが、備中松山藩の藩札は、偽札まで出回るほどまったく信用がなかった。そこで、信用のなくなった旧藩札を焼却し、新しい藩札を発行し、信用を回復した。

「産業振興」―鉄などの地域の資源を積極的に活用。鉄山の開削事業を藩の直轄とするとともに、鉄を加工する工場を建設した。鉄を原料に刃物などの鉄器、鍬などの農具、釘などを生産。また備中松山藩ならではの特産品を育成し、ブランド化にも成功している。

さらに方谷は、道路や河川の改修など、公共投資も積極的に行い、これが産業基盤を整えるだけではなく、新たな利潤を生み出すことにもつながったのである。

その他、文武奨励や軍制改革など、改革は多方面にわたるものであったが、それらを次々に断行していった。

●誠を尽くす至誠惻怛《しせいそくだつ》の精神

方谷が矢継ぎ早に行った藩政改革は、年を追うごとに成果が上がっていった。結果として、わずか七年で、一〇万両の借金をすべて返済し、さらには一〇万両の蓄えも残すことができたのである。これは、とても画期的なことであり、その功績は全国に知られ、方谷に学ぼうと、多くの人々が備中松山を訪れている。

とくに、先に触れた越後長岡藩の河井継之助は、方谷のすぐ近くで改革の手法を学び、それを自分の藩の改革に活かしている。

方谷はさまざまな改革で目覚しい成果を上げていったが、どうしてこのような成功を収めることができたのだろうか。

その理由は、いくつも挙げられるが、大きな要因として、「至誠惻怛《しせいそくだつ》」と「士民撫育《しみんぶいく》」の精神が根底にあったからだと考えられる。

至誠、誠意を尽くすこと。惻怛、人を思いやること。

士民撫育、すべては藩士や領民のために。

改革の目的を、藩財政の再建といった小さなものではなく、領民の幸福というもっと大きなものにおいていたことが、改革成功の大きな要因と言えるだろう。

藩財政の収支や借金返済のことだけにとらわれていたら、このような改革の成功は望めなかったであろう。

●至誠の精神をもって生き抜いた

その後、藩主の板倉勝静が幕府の要職に就くことになる。勝静は寺社奉行を経て、江戸幕府最後の老中首座（最上席）を務めた。方谷はその顧問となり、勝静を支えて幕府の政治にもかかわった。しかし、幕府の命運は尽き、大政奉還後、不幸にして備中松山藩は朝敵となる。

朝廷から松山征討の命が諸藩に下され、征討軍が組織されるが、備中松山藩では、重臣たちによって、抗戦か恭順かをめぐって激しい議論が行われた。

「仁も義も利も欠いた戦いには意味がない。藩民の命を救うのが我が天命」

これが、方谷が最後に下した決断であった。

方谷は藩士たちに恭順を説いて、無血開城を導き、城下を戦火から救ったのであった。

明治となり、晩年の方谷は新政府からの要職の誘いを断り、教育者として子弟の教育に尽力し、多くの人材を育成した。

そして、明治一〇年（一八七七）、七三歳で方谷は世を去る。

自らの羅針盤に至誠をかかげた山田方谷は、幕末から明治初期という激動の時代を至誠の精神をもって駆け抜けた。

方谷の終焉の地には、「方谷山田先生遺蹟碑」が建っている。碑の題字は、方谷と同じく激動の時代をくぐり抜けた勝海舟が筆をとっている。

第四章
修学

L'ÉTUDE

なぜ学ぶか

なぜ学ぶか。それは、志（自分の目的・役割）を果たすためである。佐藤一斎の教育の原点はこれに尽きると言ってよい。この世に生を受けたのは、世の中の役に立つため。役に立つ人になるには、多くのことを知り、知ったことを実践に活かす素養が必要になる。そのための学びなのである。

一斎自身、幼少のころから学び続けた。学問に一生を捧げたと言ってもよい。学ぶことで徳が磨かれ、日本を代表する学者となった。その人徳にも惹かれて、安積艮斎、佐久間象山、山田方谷、渡辺華山らが教えを受けた。そして、学んだことは使わなければ何の意味もないとの一斎の教育哲学を彼らは実践していった。また、その彼らに連なる西郷隆盛、勝海舟、坂本龍馬、吉田松陰といった幕末の志士にもその教えは受け継がれ、日本を大きく変えることになったのだ。

つまり、佐藤一斎の教えは、実学なのだ。

現代において、学びは成長の基本とされる。しかし、学んだことを頭に溜めるだけでは成長にはつながらない。学んだことをどう使うのか、どう実践していくのか、それを考えなければただの木偶の坊になるだけだ。昔もいまも、学びの本質は変わらないのである。

また、常に学び続けなければならないと一斎は主張する。その端的な表れが、「三学の教え」である。

少年のときに学んでおけば、成人してからそれが役立ち、事を成すことができる。成人になっても学べば、老いたとしても生き生きと活躍できる能力が磨かれる。老いてもさらに学べば、功績を残せる働きができるので、死んでもその名は残る。

学ぶということは、脳も身体も活性化する。学びを続けることは、精神を錬磨し、徳性を備えていく。学ぶことで、自らの役割がよく見えてくる。

いま一度、自分にとって学ぶとは何かを問い直してみてほしい。学ぶことが自分にとってどんな意味があるか。それがわかれば、何を学ぶかも見えてくる。

八八

人材育成の勘所

草木を移しかえるには、季節や時期がある。草木を育てるには、肥料の加減に注意する。時期が早すぎても遅すぎてもいけない。肥料も多すぎても少なすぎてもいけない。人間の教育も、これと同じように考えよ。

言志後録　第一四七条

人材育成は、教えを授ける時期、教えの内容・程度をよく吟味する

八九

褒める、教えるの要諦

下の者が職務に精勤しているならば、
上の者は激励と賞賛をもって指導する。
かりに、見当違いな仕事の進め方をしても、
しばらくは様子を見る。
そして徐々に正しい方法を教え諭すのだ。
間違ったからといって、
決して頭ごなしに怒ってはならない。
そんなことをすれば、元気とやる気がくじけ、
その後の仕事に精魂を込めなくなるだろう。

「褒める」と「教え諭す」はそのタイミングが効果を左右する

言志後録　第一三条

九〇

人の上に立つ者

人の上に立つ者は、
聡明にして重厚、
威厳があって、しかも謙虚でもある。
これが理想だ。

人の上に立つならば、まずは「胆力」を鍛えよ

言志録　第七九条

九一

教育の必要性

人は誰でも純粋な心をもって生まれるが、
成長するうちに人それぞれ気質が違ってくる。
気質が違ってくるから善悪の心が生じる。
だから人には教育が必要なのだ。
そして、
そもそも純粋な心をもって生まれてきているのだから、
教育で正しい道に導くことができるのだ。

言志録　第九九条（南洲手抄言志録　七）

その人の気質に合わせて指導すれば教育効果は高まる

九二

誰しも良いところがある

人は誰もがそれぞれの才能をもつ。
その才能に応じた仕事があれば、
使えない者などいない。
技芸一つをとってみても、
その人なりの特長がある。
詩歌や文章も人並みはずれて上手なら、
一つの芸となる。
まさに芸の域に達するならば、
その才能に適した仕事に就かせればいい。

自分や部下の才能が適材適所かをよく考えてみる

言志後録　第二一六条

九三

子弟への教え方

手を取るようにして教えるのが一般的なやり方。
邪道に逸れることを戒めて教え諭すのがときを得たやり方。
率先垂範する姿を見せて教えるのが根本的なやり方。
口に出して何も言わず、自らの徳をもって教化するのが最上のやり方。
飴とムチを使い分けながら導いていくのが一時的で臨機応変なやり方。
教育にはいくつものやり方があり、
これという方法がない。

言志後録　第一一二条

教える対象やタイミングによって、教え方を考える

九四

経験浅き者への教育

本人は大事な話をしているつもりだが、
聞く側はそう受け取らないとき、
話す相手を侮る態度を取る人がいる。
これは絶対によくない。
彼は人生や仕事の経験が浅く、
取るに足らないことでも、大きく捉えてしまっているのだ。
こんなときは、たとえ話でやんわりと諭してやるのがいい。
これを馬鹿にして説教などしては、
教える側の徳が問われることになる。

言志後録　第三六条

部下からの報告を軽い気持ちで聞いていないだろうか

九五

知識と知恵

知識は外から入り、
知恵は内から考え出すものだ。
知恵は、
使えるものかどうかを実際に験《ため》して活用の是非を判断する。
知識は、
自分でよく調べてその取捨を判断する。

知識を知恵に変え、実際に使えるものにする工夫をする

言志後録　第五条

九六

人を指導する資格

真に寛容な心をもつ者こそ、
人を指導する資格がある。
寛容な者の教えだから、
人もそれを謙虚に受け入れる。
反対に、
狭量な者には、
人を指導する資格などない。
そんな者に言われたって、
人は素直に聞き入れるわけがない。

人を指導する前に、自分にそれだけの度量があるのかを考える

言志録　第三七条

九七

人物評価

愛憎や好悪の思い。
その思いで人を見ると、
必ず間違った評価をしてしまう。

好き嫌いで人の能力を判断することほど愚かなことはない

言志録　第四〇条

九八

穀物と人の育て方

穀物は自然に芽を出すものだが、
人が鍬や鋤で土を耕し、助けなければすくすくとは育たない。
人も同じだ。
人も自然と生まれてくるが、
未熟なうちからしっかりと世話してやらないと、
有用な人物にはならない。
穀物も人も育て方は一緒なのだ。

人材育成に大切なことは、タイミングよく手をかけてあげること

言志録　第五〇条

九九

忠告の心得

忠告を受ける者は、
虚心坦懐の心で聞く。
忠告をする者もまた、
虚心坦懐でなければならない。

言志録　第七一条

わだかまりのない心になるには、人ではなく行為そのものに視点を置く

一〇〇

過失を責めるとき

過失をとがめるときの心得。
それは、八方ふさがりになるような
逃げ道のない責め方はしないことだ。
十のうち二、三ほど残し、
その者がやけを起こさず、
自ら改心するように仕向けるのだ。

過失を責めるのではなく、失敗から学び取る方向に仕向ける

言志晩録　第二三三条

一〇一

適才に適所あり

人の才能はさまざまだ。
リーダー型や補佐型もあれば、鋭敏型やおっとり型などもある。
リーダー型と鋭敏型の両方を兼ね備えていれば有用だ。
ただ、日常の些事をつつがなくこなすには、
おっとりとした補佐型のほうが役に立つことが多い。
リーダー型兼鋭敏型は小さな仕事を見下し疎かにするので、
かえって役に立たない。
こう考えると、人それぞれに適した所と役割があり、
どの才能も不要なことはないのだ。

言志晩録　第二五一条

人や自分の能力を客観的に評価してみることで、その役割を知る

一〇一一

人を感動させる基本

自ら大いに感動せよ。
そうでなければ人を感動させられない。

自分が感動することで、はじめて人を感動させられる

言志耋録 第一一九条

一〇三

言葉を伝える心得

言葉というのは、数が多いか少ないかは問題ではない。
大事なのは、その場そのときに合っているかどうかだ。
適切であれば、
別に言葉の数が多くても、
聞いている人は嫌がったりしない。

言志耋録　第一九二条

言葉の内容・タイミングが適切であれば、その言葉は相手に伝わる

一〇四

訓戒するとき

人を教え戒めるときは、
簡便明瞭にゆっくり行え。
早口ではだめだ。
ののしりはずかしめることも絶対するな。

訓戒は簡潔に。懇々と諭すようでは効き目が薄れる

言志耋録　第一六〇条

一〇五

説明しすぎない

物事の道理を深く理解してもらうためには、
要点のみを話す。
そうやって聞く者に考える余地を与える。
自分で考えをめぐらせば、
道理は深く会得できる。
間違っても詳しく説明するな。
そんなことをしたら聞く者は自分で考えなくなる。
教える者が道理の深淵から遠ざけるようなものだ。

言志耋録　第一六六条

物事を深く理解するには、自分の頭で考えることが一番

一〇六

本を読むことの意味

学問とは、
心の修養や、日々の生活をよりよくするために行うものだ。
その手段としての第一歩が、書物を読むことなのだ。

自分を成長させる本の読み方を考えてみる

言志録 第一三条

一〇七

活きた学問

学問の「学」とは先人の教えを考察すること、
「問」とは先生や友人に質問すること、
これは誰でも知っている。
しかし、「学」とは身につけた知識を必ず実践すること、
「問」とは知り得たことを鵜呑みにせず、
一度自分の心に問うこと、
これを実行している人はそう多くはない。

言志後録　第八四条（南洲手抄言志録　四四）

学んだことをどう活かすべきかを考えてみる

一〇八

知行合一

知ることは、
何かを行うことのもととなる。
行うことは、
知ることによってなせるものだ。
知ることと行うことが一つになってこそ、
何事も完成する。
だから、
知ることと行うことは切り離せないし、
それぞれ片方だけではうまくいかない。

言志後録　第一二七条（南洲手抄言志録　三八）

学んで得た知識や知恵がどう使えばよいのかを考える

一〇九

学問の目的

学問を始めるときには、
なりたい人物像を思い描き、
志を立ててから書物を開くことが肝要である。
そうせずに、ただ知識だけを詰め込むだけだと、
知り得たことをひけらかす傲慢さが現れたり、
学んだことを悪いことに使ったりすることがあるかもしれない。
これでは「敵に武器を貸し、盗人に食物を与える」という
悪事を助長するようなものだ。
そうならないように注意しなければならない。

言志耋録　第一四条（南洲手抄言志録　八一）

自分は何のために、何を学ぶのかをよく考えてみる

一一〇

学び続ける先にあるもの

少年のときに学んだことが、
壮年になって役に立つ。
壮年のときに学んだことが、
老年になって気力を充実させる。
老年のときに学んだことが、
世の中のためになり、
身は朽ちてもその名は朽ちることがない。

言志晩録　第六〇条

あなたにとって、自己を成長させ、社会の役に立つ「学び」とは何か

二二二

いまの自分を切りひらく

人にはそれぞれ決まった運命《さだめ》がある。
それが自分に与えられた運命だと割り切れば、
あくせくしないで現状に満足できるものだ。
ただし、日々学ぶ姿勢は別だ。
現状に満足してはならない。
学問にはこれで十分ということはないからだ。
学問を修めるほどに、
運命はさらに切りひらかれるだろう。

運命を切りひらくには、学び続けることである

言志晩録　第二〇二条

一二二

「思」の一字

人の心には、「思う」という働きがある。
思うことによって、工夫が生まれる。
思えば、そのことを深く知ることになり、
いっそう精進するようにもなる。
精進することを「行」といい、
深く知ることを「知」という。
よって知行合一は、
「思」の一字によって生まれるのだ。

一日に一度は、深く思う時間をもつようにする

言志後録　第二八条（南洲手抄言志録　二六）

一二三

適当な所を得る

物でも人でも
それにあった適当なところに納まれば栄え、
ふさわしくないところにあれば衰えるのが道理である。
有能な者も、それが適所で活かされなければ、
使える人がいないのと同じだ。
お金があっても、それが有効に活かされなければ、
お金はあってないようなものだ。
こんな状態を「衰えた世」という。

適材適所がなされて、個人も組織も成長する

言志後録　第六三条

一一四

人の諫め方

人を諫めるときには、
「相手のために」という気持ちで、
その言葉には誠意が溢れていなければならない。
怒りや憎しみの気持ちが少しでもあれば、
その諫言は相手の心に届かない。

諫言は相手を非難するのではなく、改悛してもらうために行う

言志録　第七〇条

一二五

多聞多見の心で学ぶ

他者の善いところから学ぼうという心があれば、
親や兄弟、先生、友人らとの会話が少なくなることを
不安に思うはずだ。
そして、
たくさんの本を読まなくてはならないとも思うようになるはずだ。
古《いにしえ》の偉人が心がけた「多聞多見」の真意は、
こうしたことなのだ。

多くの情報に触れる心がけは大事だが、
使えるものを見抜く能力や技術がより重要になる

言志録　第一四条

一二六

過去から何かを学べ

人は亡くなったとしても、
いまを生きる者のために何かを残している。
すでに過ぎ去ったことでも、
未来に役立つ何かが学べる。

未来をつくるうえで大切なことの一つが、過去から学ぶことである

言志録　第九〇条

一一七

歴史の読み方

歴史書の中には、

「何が起きたか」という外面的な事柄を伝えるだけで、

「なぜ起きたか」

「その出来事に関わる人の心情がどうだったか」

といった背景や人物の思いといった内実がわからないものがある。

だから、歴史書を読む姿勢として、
その出来事に思いをはせ、
内実を類推することが大事だ。

言志録　第一四一条（南洲手抄言志録　一八）

歴史から学ぶには、その出来事に関わった当事者の思いで考えることだ

一一八

実社会から学べ

学問は、自ら会得することが大事だ。
ふつう、書物の文字を追うことで学ぶが、
文字を目で追うことに捉われると、
その背後にある本質を見抜けない。
本質を洞察するには心の眼を開き、文字のない書、
つまり実社会の動きを見ることだ。
そうすることで、
学問を心の奥深くに修めることができる。

言志後録　第一三八条（南洲手抄言志録　三九）

書物で知識を得、実社会から現実を学べ

一一九

問題解決の要点

問題解決は、
まずは全体を俯瞰し、
何から手をつければよいかをよく考え、
大きなところから
徐々に細部に向かうのがよい方法である。

言志後録　第六二条

問題は全体像を捉え、大元を発見し、優先順位を決めて手を打っていく

二一〇

禍福はあざなえる縄のごとし

人生は、掛け算と割り算で例えるとわかりやすい。
人生の幸福を掛け算、人生の苦難を割り算とする。
掛けたり数で割ったり、割った数で掛けたりしても元の数に戻るので、
最終的にプラマイゼロになるのが人の一生。
つまり、苦労もあれば、幸せもあり、
どちらかに偏るということはないのだ。

言志後録　第一六二条

良いことがあれば悪いこともあり、悪いことがあれば必ず良いこともある

二二一

代替案があれば困らない

道具類は、
正副のように普段使いと予備の二つあれば、安心だ。
何か一つの事を処理するときも、
一案のほかに、もう一案、
二案あれば困ることはない。

一つの案にこだわらず、代替案を用意しておけば失策は減る

言志後録　第二二九条

一二三

用意周到の大切さ

弓を十分に引き絞り、
狙いを定めて矢を放てば、
外れることは少ない。
同様に、
人の仕事も準備万端に整えてから始めれば、
失敗することは少ない。

言志晩録　第八七条（南洲手抄言志録　六七）

周到な計画、十分な準備がミスや失敗を防ぐ基本である

関係人物列伝

4

若き志士たちを導き育てた吉田松陰

●江戸で佐久間象山の門弟となる

吉田松陰が江戸に入ったのは嘉永四年（一八五一）、二二歳のときである。江戸では、居並ぶ兵学者や儒学者らの門をたたき、また最新の書物を読みあさり続ける。そして、運命の師、佐久間象山に出会うことになる。

松陰が象山に入門する際には、次のような逸話が残されている。

松陰はひそかに、象山は優れた人物と言われるが、洋学を商売とする悪徳な者ではないかと疑っていた。

そこで、松陰は多少あなどった気持ちで、普段着のままで面会を求めた。

象山は普段から礼儀にやかましい人だったから、松陰の乱れた服装で、しかも平服であるのを見て、

「貴殿は、私について学問をするつもりで参ったのか、それとも、単に文字や言葉を習うつもりで来られたのか、もし学問をするつもりであれば、まずは弟子の礼をとっ

てきなさい」とたしなめた。

松陰はその非礼を恥じて、すぐに正装に着替え、改めて弟子の礼をとって入門したという。

身なりを整えて改めて入門を希望してきた松陰に対して、象山は東西の学術を説き、また天下の形勢を論じたが、その内容が時代を先取りしているものだったので、松陰は象山の見識の高さに気がついた。こうして松陰は、象山から経学、兵書、砲術などさまざまな教えを受けることになるのであった。

●脱藩事件を起こし、密航を企てる

吉田松陰は、天保元年（一八三〇）、長州萩（山口県萩市）の松本村に生まれる。父は杉《すぎ》百合《ゆり》之《の》助《すけ》。長州藩の下級藩士で、家計を助けるため田畑を耕しながらの半士半農的な生活を送っていた。

松陰は五歳のときに、山鹿流兵学の師範で叔父の吉田大助の仮養子となり、翌年大助の死により吉田家を継ぐことになる。松陰は、すでに六歳にして藩の兵学師範たるべき運命を背負い、幼少時から兵学と経学の習得に励むのであった。

厳格な教育を受けた松陰は、一〇歳にして藩校明倫館にて家学を教授し、翌年には藩主の毛利慶親《よしちか》（敬親《たかちか》）の面前で『武教全書』（山鹿流の兵学書）を講じ、その早熟ぶりを示している。

また、兵学の知識のみならず、しだいに世界の形勢へと眼が開くようになっていく。その後、さらに見聞を広げていく必要性を感じ、九州の平戸、長崎などに遊学する。そこで松陰は訪問先の一つとして平戸藩の重鎮、葉山佐内《さない》のもとを訪れる。実はこの佐内、佐藤一斎門下の逸材として名高い人物であった。佐内は膨大な蔵書をもっており、松陰は書物を借りては片っ端から読み、多くのことを学んでいったのである。

そして、藩主慶親の江戸参勤に従って江戸遊学の機会が与えられ、前述のとおり佐久間象山と出会うのであった。

ところが、そんな松陰に事件が起こる。友人らと東北旅行を計画したものの、その直前に手形が発行されていないことに気づく。当時の旅行では手形を携帯することになっており、これがなければ旅はできない。

急いで発行してもらうにも、運悪く藩主慶親は国許に一時帰国しており、取り寄せていると出発に間に合わない。友人らと固く約束をしていた松陰。その約束を破るわけにはいかない。

迷った末に、手形の発行を待たずに出立することを決心。手形をもたず旅立てば脱藩したとみなされ、重い罪に問われることに。しかしそれを承知のうえで、東北行きを敢行するのであった。

当然、松陰は脱藩の罪に問われることになる。藩に戻され、謹慎処分を受けることになったのであった。

しかし、幸いにも翌年には諸国遊学が許可され、再び江戸に遊学する。そしてこの年、松陰はペリー来航という歴史的な瞬間に遭遇する。

ペリーが浦賀に来航すると、松陰は浦賀に向かい、その姿を目にし、衝撃を受ける。そして、海外視察のために密航を企てるのであった。

ロシアの軍艦が長崎に来船すると聞くや、長崎に向かう。

しかし、すでにロシア軍艦はおらず、願いは果たせなかった。

ペリーが再び来航するや、金子重之助とともに下田に向かう。そして米艦ポーハタン号に上り、アメリカ行きを懇願する。

しかし、努力むなしく受け入れられなかった。

松陰らの海外渡航の志はここに破れ、それどころか国禁を犯した囚人として、その身は獄中に下ることとなったのである。松陰は江戸の獄舎に投ぜられ、連座して捕えられた佐久間象山とともに、自藩での幽閉の処分を受けることになる。

ここで、象山と松陰の子弟は、永遠の別れを迎えることになるのであった。

●自身の生きざまを見せて導く

松陰は、藩に戻され、萩の野山獄に収容される。野山獄での生活は、読書と思索に没頭する日々が続くが、入獄の半年後には囚人たちの間で、勉強会が組織される。そこで松陰は『孟子』の講義を行う。実はこの勉強会がのちの松下村塾の原点となったのである。

約一年に及ぶ獄囚生活の後、松陰は野山獄を出て実家の杉家に戻る。

実家で松陰に与えられたのは四畳半の幽囚室（蟄居部屋）。ここで松陰は、親族などを相手に『孟子』の講義を再開するが、この狭い幽囚室から、幕末維新に名を残す松下村塾の歴史が始まったのである。

松下村塾はもともと松陰の叔父・玉木文之進が開いた私塾である。その後、親類の久保五郎左衛門が塾の名前を引き継いでいた。松陰の蟄居部屋での講義に久保五郎左衛門が参加。そして松陰が松下村塾の名を与えられ、塾を主宰することになるのである。

松下村塾の評判は高く、その噂はしだいに萩城下に広がっていくことになる。噂を聞いて来訪する人も増えていく。こうして松陰を慕う人々が彼のもとに集まり、松下村塾も塾としての形をなしていくのであった。

ところで、松陰の教育とはどのようなものだったのだろう。

松陰は弟子に向かってこう言っている。

「学者になってはいけない。人は実行が第一である。書物などはそのうちに自然と読めるようになる」

実行することによって、真実が見えてく

る、ただ書物を読むのではなく、学んだことを活かし、実行に移すことの大切さを強く説いたのだ。

松陰自らが実践してきたことを若者たちに伝えようとしたのだろう。

脱藩や密航を試みるなど、実行に実行を重ねる松陰であったからこそ、塾生たちの心は強く揺さぶられ、ひきつけられていったのであろう。

つまり松陰は、自身の生きざまを塾生たちに見せることによって、彼らを感化していったのである。

松下村塾がさまざまな人材を輩出したことは有名。

久坂玄瑞《くさかげんずい》、高杉晋作、吉田稔麿《としまろ》、伊藤博文、山県有朋《ありとも》、前原一誠《いっせい》、品川弥二郎《やじろう》、山田顕義《あきよし》など枚挙にいとまがない。

松陰の生涯を通しての最大の功績は、松下村塾で有能な人材を育てたこと、そしてこの時代が松陰の生涯でもっとも輝いていた時期と言えるだろう。

●松陰の死、死してもなお

残念ながら、松下村塾の平和はあまりに短いものであった。松陰が松下村塾で塾生たちの指導にあたった期間は、わずか二年余りに過ぎなかったのである。

当時、国内政治が混迷の度を深め、松陰はこれに深く関わっていたからだ。松陰は危険人物と見なされるようになり、藩政府はその過激な言動を理由に、松陰を再び野山獄に収容する。それだけにとどまらず、幕府の命により、江戸に護送され、訊問を受けることとなる。そして伝馬町にある牢獄に投ぜられることに。

安政六年（一八五九）、ついに死罪を告げられ、二九年の短い生涯を閉じる。

佐藤一斎がこの世を去ったのも、同じくこの年、九月のことであった。

「身はたとひ武蔵の野辺に朽《く》ちぬとも
　留め置かまし大和魂」

牢獄の中で松陰が死の前日に書きあげた門下生への遺書『留魂録《りゅうこんろく》』の冒頭に記された辞世の句である。

―たとえその身は、武蔵の野に朽ちることになっても、大和魂はここに留めておこう―

松陰の大和魂を多くの若き志士たちが受け継ぐ。

死してもなお、その生きざまを見せることによって、多くの人々を導いた松陰であった。

第五章 修養

L'ENTRAÎNEMENT DE L'ESPRIT

自分を磨くことの意味

自分を磨くことにどんな意味があるかを考えたことがあるだろうか。たとえば、良い人間性を身につけるために本を読んだり、セミナーを受講したりする。そうやってなりたい自分に近づこうとする。

しかし、理想の自分像に近づこうとするのは、他人にいい人と思われたい、同僚よりも仕事ができる人になりたい、そうしたことが発露だと、少し考え直したほうがよいだろう。

そもそも自分を磨くということは、他者からよく見られるために行うものではなく、他者との比較から生まれるものでもない。

自分磨きはあくまで自分を起点にして考えることである。自分を磨くことで、「強い精神性を育む」「他人に頼らずにまずは自らの知恵で問題に対処する能力を培う」「自分の意志を明確にする」——こうした個の素養を強化することになるのではないか。

佐藤一斎は、個としての基軸を強固にし、自己責任が取れる人間になることを門弟に説いた。人に何を噂されようが、自分が正しいと信じることであるならば、それを一切気にしない、孤高の強さを求めた。

非難を浴びても屈せず、その非難を自己成長の糧とする。相手を慮る心は大切だが、情に流されてはならない。そうした強い心がなければ、志など全うできないと一斎は考えたのである。


自分を磨くとは、つまるところ、己の基軸をつくることである。

何が起こっても動じない強い心、身の回りに寄せてくる誘惑に惑わされない心、自制を利かせて克己する心、こうした精神に至るためには自分軸をしっかりもつことが大切だ。そうした軸をつくるのが、自分を磨くことである。

そして自分を磨くためには継続して学ぶことが大事だ。学び続けることを通して、いまよりも一歩成長することを心がける習慣を身につけるのだ。

一二三

人間力の磨き方

人には、
春風のような温かさをもって接する。
自分には、
秋霜のような厳しさをもって律する。
このふたつを心がけよ。

言志後録　第三三条

寛容な態度と厳格な心が、人間力を育む基礎となる

一二四

他人の意見

他人の意見はまずは聞き、
それから、そのよしあしを判断する。
はじめから拒んだりするな。
そして、自分の意見をしっかりともち、
偉い人の意見だからといって、
惑わされてもならない。

誰が言っているのかではなく、何を言っているのかで判断する

言志録　第三六条

一二五

相手に長所を語らせる

人と話をするときのコツは、
相手が自ら長所を語るように仕向けることだ。
そうして、
その人の長所から有益な何かをつかめ。

人に長所を語らせるためには質問の巧拙がカギとなる

言志録　第六二条

一二六

信用を得ることの難しさ

人から信用を得るのは難しい。
人は言葉よりも、その人の行いを信用する。
さらに、行いの奥を見透かし、
その人の心を信用する。
だが、心を見せることはできない。
だから、人から信用を得るのは難しいのだ。

言志録　第一四八条（南洲手抄言志録　二八）

人からの信用を確固たるものにするには、自分が誠実に生きるしかない

一二七

信頼の大切さ

上司にも、
部下にも信用を得ることができれば、
自分の思いを成就できないことはない。

言志録　第一五〇条（南洲手抄言志録　三〇）

事業を遂行するとき、周りからの信頼によってその成否が決まるものである

一二八

心を清明にする

人を敬い、己を慎む心をもち、
頭から邪念を払ってみよ。
清明な心と
晴れやかな気持ちが訪れるはずだ。

自己を慎み、他者を尊ぶ姿勢が心を清明にする

言志録 第一五七条

一二九

人を受け入れるとき

何人《なんぴと》をも受け入れる寛大さは、
立派な徳と言えよう。
ただ、そこには善と悪がある。
善い心をもつ者と邪念をもつ者を見極めよ。

言志録　第三五条

人を好き嫌いで判断してはならないが、善悪は判断しなければならない

一三〇

人にそむかれることの御利益

「たとえ自分が人にそむかれても、自分は人をそむくようなことはしない」

とは唐に伝わる格言である。

確かな言葉だが、これを私は、

「自分が人にそむかれたならその訳を深く考え、己の徳を磨く糧としよう」

と解釈する。

こうすれば、そむかれたことが自分に有益となるのだから、
そむいた者を敵視する必要もない。

言志後録　第一一一条

人から嫌われる理由を冷静に考えると、
いままで気づかなかった自分の非が見えてくる

一三二

心と気分を整える

心を平静に保つ時間をつくる。
そうすることで心は安定する。
気分を穏やかに保つ時間をつくる。
そうすることで正直でいられる。

一日のうち数分間でいいから、心を落ち着かせるための静かな時間をつくる

言志晩録　第六条

一三二

人の意見は虚心坦懐に聞く

その人独特の見解が、
他人には偏見として受け取られることがある。
初めて聞くようなことだからだ。
これに対して、
予定調和的な合議は、参加者誰もがすんなり聞き入れる。
これまでどおりのやり方で安心できるからだ。
そもそも人の意見は虚心坦懐に聞くのが本筋である。
聞き慣れた意見ばかりに安心してはならない。

言志晩録　第五五条（南洲手抄言志録　六四）

意見は、「良いものは良い」「悪いものは悪い」と
意見そのものに焦点を合わせる

一三三

長所を見る心がけ

人を見るとき、
長所を見るようにし、
短所は見ないように心がける。
短所を見ると、
その人よりも自分が優れているという驕《おご》りの心が生じる。
逆に、長所を見れば、
自らの不徳に気づき、
より研鑽すべきとの気持ちが生じる。
これは有益なことだ。

言志晩録　第七〇条

人の良いところを見ることで、他者を尊敬・尊重する気持ちが生じる

一二四

友との心得

真の友なら、
肝胆合い照らし、
兄弟と同じく接するべきだ。
友にこびへつらうな、友を裏切るな。
友と徒党を組むな、友に自慢をするな。
そして友に嫉妬や憎悪の心を抱いたならば、
自分は最低な人間だと思え。

言志晩録 第一四九条

真の友情とは、お互いどんな立場であっても各々を尊重し合う心のことである

一三五

恩と怨

「恩を受けたら恩を返し、
怨《うら》みを受けたら、怨みを返す」という人がいるが、
果たしてそうだろうか。
恩を受けたら必ず返すのは当然だが、
怨みを受けたら、
その訳を深く考え反省する。
それでいいではないか。

己の身に起きること、被ること、何事も自己研鑽のための糧だと考える

言志晩録　第一五〇条

一二三六

人間関係を穏やかに保つコツ

人から怨まれない心がけとして、「恕《おもいやり》」の一字を肝に銘じる。人と諍いにならない心がけとして、「譲《ゆずる》」の一字を心に刻む。

ゆとりのある人間性を養えば、人間関係でつまずきにくくなる

言志晩録　第二一三条

一三七

噂話に平然とする

自分の隠し事について、
他人がどう噂しようと気にするな。
だが、他人の秘事は明かすな。
そんなことをしたら、
口の軽い奴だと言われて信頼を失う。
普段から誠実に、自分に正直にいれば、
隠し事があるとかないとか
そんなことは気にならなくなる。

言志耋録　第一一〇条

噂話に惑わされてはならないが、間違った噂話は論旨明快に否定する

二三八

愛敬が人間関係をつくる

他人と良い関係を築きたいなら、
愛と敬の二字を心がけよ。
人心が離れる行為、それは、
高飛車な態度で相手に辱めを与えたり、
嘲《あざけ》り笑って相手を非難することなどだ。
『書経』にも、
「人を侮《あなど》りからかうことで己の徳は失われる」とある。
明快な指摘だ。

人を馬鹿にした態度は、周囲から冷ややかに見られると知れ

言志晩録　第一九八条

一三九

物事の対極を考えよ

世の中のすべての物事には相対関係があり、
対を成すことで一つに収まり堅固となる。
善い人もいれば、悪い人もいる。
そうした人が寄り集まって、
社会が成り立っている。
この道理をよく考えてみよ。

言志晩録　第一一二条

どちらか一方に偏った物事や思想には、どこか不安要素が含まれているものだ

一四〇

和順と狷介《けんかい》

ゆったりとした広い心に従って、
俗世間の流れに逆らわずに生きることを
「和順」という。
しっかりとした意志に従って、
俗世間の流れに巻き込まれずに生きることを
「狷介」という。

言志後録　第一一一条（南洲手抄言志録　四九）

世の中の変化に合わせながらも、流されない確固たる自分をもて

一四二

施した恩と受けた恩

自分が人に施した恩は忘れろ。
自分が人から受けた恩は絶対に忘れるな。

言志耋録　第一六九条

人に施す恩恵は、その人のためにであって、自己満足であっては偽善だ

一四二

他山の石、以て玉を磨くべし

世の中には自分と似たような考えをもつ人がいる。

そうした人と意見を交わすのはいいが、
大して有益なことにならない場合が多い。

自分とは違った考えをもつ人もいる。

そうした人とは進んで意見を交わせ。

多様な視点が学べて有益だからだ。

『詩経』にも、

「他山の石、以って玉を磨くべし（他人の多様な意見から自分の考えに新たな気づきを得る）」

とある。

言志耋録　第一八四条

自己革新は多様な人たちとの交わりから生まれる

一四三

人間関係を深くするもの

一度も会わずとも心の通じあえる友がいる一方で、
毎日顔を合わせてはいるものの、
表面的なつき合いに過ぎないこともある。
物事がうまく適合するかどうかは、
心と心が深く感じいるかどうかの度合いによるということだ。

言志耋録　第二一七条

人間関係は会う回数ではなく、お互いを理解する心の深度が大事だ

一四四

人を欺くと

他人を欺くことをしない人には、
誰もそうした人を欺こうとは思わない。
他人を欺くような人は、
かえって他人に欺かれる。

他人にしたことはいつか必ず自分に跳ね返ってくる

言志晩録　第二〇九条

一四五

時間を無駄にするな

若くて元気な人ほど、時間の大切さを知らない。
たとえ知っていたとしても、惜しむことをせずに無駄に使ってしまう。
四〇を過ぎて、ようやくその大切さに気づいてみても、
青年のときのようにはいかないものだ。
だからこそ、若いうちに志を立て、
その志を成し遂げるために自分の時間を使うのだ。
人生を振り返ったときに、後悔しないために。

遊び怠ける日々を送っていると、いずれ後悔することになる

言志録 第一二三条

一四六

一心不乱に取り組む

人は自ら休まず、
一心不乱にものごとに取り組んでいるとき、
心は充足感に満ちあふれ、
余計なことに考えが及ばないものだ。
邪心は消え、
悩みも失せていく。

言志後録　第三条

これまで一心不乱に取り組んだことについて振り返ってみる

一四七

旅と人生

人生とは、旅することに似ている。
旅の途中には、険しい道もあれば平坦な道もあり、
晴れの日もあれば雨の日もある。
これを避けることはできないが、
道や天気に合わせて、
ゆっくり行ったり、急いだりすればいい。
ただ、急ぎ過ぎて災難に遭ってもいけないし、
ゆっくりし過ぎて遅れてもいけない。
これが旅の心得でもあり、世を渡る方法でもあるのだ。

自分の進む道を硬直的に考えず、あくまで柔軟に

言志後録　第七〇条

一四八

日日のあり方

事を成そうとする意気込みは鋭くありたい。
言動は誰に対しても正しくありたい。
品位や人望は常に高く保ちたい。
見識や度量は広くありたい。
学問や技芸は切磋琢磨し深く極めたい。
ものの見方や解釈は常に真実でありたい。

自己を高めるために日々留意すべき事柄を列挙してみる

言志後録　第五五条

一四九

忙中閑あり、苦中楽あり

どんなに忙しいときであっても、
平静な心を保つ。
どんなに苦しいときであっても、
楽観の気持ちを失わない。

言志耋録　第一一三条（南洲手抄言志録　九三）

忙しいときほどゆっくり考え、苦しいときほど楽しいことを思う

一五〇

処世の道は得《とく》と失《しつ》にあり

人の道において大事にしたい二字に、
「得」と「失」がある。
不正と思うものは得てはならない。
正義と思うものは失ってはならない。
これが、
処世の道理というものだ。

言志耋録　第一二四条

不正と思うこと、正義と思うことを自分の「心の眼」で正しく判断する

一五二

人生の雲霧を一掃する

人から非難されることもあれば、誉められることもある。
成功もあれば、失敗もある。
こんな出来事は、雲や霧が湧いては消えるような日常のこと。
だが、人はこうしたことに一喜一憂し、心を惑わされる。
どんなことが起きても平常心でいられる冷静ささえ保っていれば、
雲や霧を一掃できるものだ。
そうすれば、
人生が晴れやかに見えるようになるだろう。

言志耋録　第二一六条（南洲手抄言志録　二）

世間の評判を気にし過ぎると心が惑わされる。自分らしさを平静に保つ

一五二

本物とは

真の勇者ほど慎み深いため、
臆病者に見える。
真の知恵者ほど深く考えるため、
愚者に見える。
真に才能ある者ほどその能力をひけらかさないため、
鈍才に見える。
真に巧みな者ほどその技が素人には見抜けないため、
下手に見える。

本物の人ほど、その知識や能力をひけらかしたりしない

言志耋録　第二三九条

一五三

正しい道を歩む

遠方まで出かけるとき、
早く着こうと焦るあまりに、
正しい道を行かず近道を行こうとする。
そのため誤って、
草木の生い茂る難所に入り込んで苦労する。
実に愚かなことだが、
処世のうえでこうしたことは多い。
だからあえて言っておく。

言志耋録　第二六六条（南洲手抄言志録　九九）

目標に向かうときには、まず正しい道筋・方法かどうかを確認する

一五四

自分の強みとなる道具

舟には舵《かじ》と櫓《ろ》という道具があるから、
川や海を渡ることができるのだ。
門には錠《じょう》と鍵《かぎ》という道具があるから、
泥棒を防ぐことができるのだ。

自分を成長させる道具、自分を律するための道具は何だろう

言志耋録　第一四六条

一五五

偉人の本を読む

心を引きしめて偉人の本を読むもよし。
偉人の本を読んで、心を引きしめるもよし。
それも修養のひとつ。

偉人の言葉を書き記し、自己の行動に活かす

言志後録　第一三〇条

一五六

人は変われる

人は、等しく人。そもそも能力などに違いはない。
だが、生き様によって違った人生になっていく。
遊び怠けていると、軟弱になる。
困苦に逢うと、強くなる。
満ち足りた暮らしに慣れると、優柔になる。
激しく奮い立てば、剛毅になる。
人の気質は、心がけ次第でどうにでも変われるものだ。

若いうちに楽を選ぶか、苦労を選ぶかでその後の生き方が変わる

言志耋録　第二一九条

一五七

人の心で計ること

はかりは物の重さは量れるが、
己の重さは量れない。
ものさしは、物の長さは測れるが、
己の長さは測れない。
人の心は、他人のよしあしが判断でき、
己の心のよしあしも計ることができる。
人の心とは誠に霊妙である。

人の評価は、心の眼で内面を見抜くことが大切。
自分のよしあしを判断するのもまた心の眼

言志録　第一一条

一五八

小利も排除する

肩書きや報酬といった大きな利得を辞退するのは、決意が固まれば容易なことだ。
しかし、
小額の謝礼や贈り物といった小さな役得に一瞬でも心を動かされないことは難しい。

小さな利得にも惑わされない清廉さを心がける

言志録　第六六条

一五九

文字は心を映す鏡

君の心が邪《よこしま》か正しいか、
やる気が強いか弱いかは、
書いた文字に現れる。
喜び、怒り、哀しみ、おそれ、
勤勉、怠惰、平静、騒然といった心の動きも、
すべて書いた文字を見ればわかるのだ。
だから毎日、自分の心のうちを五、六文字で記し、
その字をじっと見つめる。
こうしてその日を省みるといい。

文字の乱れは心の乱れ

言志録　第二一四条

一六〇

公務にある者の心得

公務にある者は、
「公」「正」「清」「敬」の四字を心に抱け。
公正、正直、清廉潔白、敬慎が過ちを回避する。
また、「私」「邪」「濁」「傲」の四字を戒めとせよ。
不公平、邪悪、不品行、傲慢は必ず災いをもたらす。

言志後録　第一四条

仕事をするとき、自己を律する言葉、自己を発憤させる言葉をもて

一六二

心のうちは隠せない

冗談は、もとより真実のことではない。
しかし、心中に潜んでいることは、
必ず冗談などを言ったときに現れてしまう。
心のうちは完全に覆い隠すことなどできないのだ。

言志後録　第一八五条

ネガティブな思いを心に抱くのはやめる。つい外に出てしまうことがある

一六二

恩を売るな、名を求めるな

打算的に恩を売るな。
そんな下心は人の怨みを買うだけだ。
実力もないのに偉くなろうと思うな。
いずれぼろが出て、人から小馬鹿にされるだけだ。

偽善や虚飾はいずれ暴かれ、身の破滅を招く

言志晩録 第二四七条

一六三

清らかさは心を洗う

清き色は、観るのによい。
清き声は、聴くのによい。
清き水は、口をすすぐのによい。
清き風は、吹かれるのによい。
清き味は、たしなむのによい。
清き香りは、嗅ぐのによい。
清きものは、人の心もきれいにする。

心のきれいな人は所作言動も清らかだ

言志耋録　第二八二条

一六四

光を浴びる者への戒め

暗いところにいる者は、明るいところがよく見えるが、
明るいところにいる者は、暗いところが見えない。

言志後録　第六四条（南洲手抄言志録　二七）

晴れやかな場所にばかりいると、苦労している者の気持ちが見えなくなる

一六五

変化の兆しを見つける

平和に治まった太平の世でも、どこかに綻びの種があり、
混沌とした乱世でも、どこかに光明がある。
その兆候を見つけることが、
変化に素早く対応できる秘訣だ。

言志晩録　第一三五条

人間社会は変化の連続だと心得、いまいる環境に変化の兆しがないかを探る

一六六

手をつけたら極める

何事も始めるのは容易《たやす》いが、
これを極めるのは難しい。
技能や芸術などはとくにそうだ。

言志晩録　第二五五条

起業や新規事業の場合、始めた後にどう取り組んでいくかが成否を左右する

一六七

始めが肝心

何事も極めるには困難がつきものだが、
だからこそ、取りかかりには十分配慮する。
始めがよくないと、
終わりもよくない。

始めの方向が少しでもずれていると、進む方向は大きく逸れていく

言志晩録　第二五六条

関係人物列伝 5

『言志四録』の生き方を全うした西郷隆盛

●二度の遠島処分

西郷隆盛が最初に島に送られることになったのは安政五年（一八五九）から安政六年にかけてのことである。

当時、京都などで活動していた西郷は、安政の大獄が始まると、危険人物とされた同志の僧、月照を保護するために奔走する。なんとか幕府の追手から逃れ、ようやく薩摩に逃げ帰ることができた。しかし藩は月照をかくまうことを許さなかった。かくまい切れなくなった西郷の頭に浮かんだのは「死」。西郷は月照とともに鹿児島錦江湾《きんこうわん》へ向かう。そして、月照を抱きかかえるようにして冬の海にその身を投げた。

まもなく引き揚げられた二人。身体は冷たい海にさらされ、すっかり冷え切っていた。

ところが、西郷の身体にはやがて血の気がさし、息を吹き返す。月照の脈は戻ることがなかった。

奇跡的に蘇生した西郷は改名させられて、

島流しに。奄美大島に向かう失意の西郷。
三三歳のときのことである。

西郷隆盛は、文政一〇年（一八二七）、鹿児島城下に生まれる。父は西郷吉兵衛。下級藩士の身分であった。

西郷は、郡方書役《こおりかたかきやく》（役所・税務署の事務官）を経て、当時の藩主島津斉彬《なりあきら》の参勤に従って江戸に行く。そこで斉彬に見込まれ、庭方役に抜擢される。庭方役とは、秘書的な役割を担うものである。

西郷は斉彬のそばで教育を受け、また庭方役という役目を通して当時の名高い人物と交流をもつこととなり、広く天下のことを知るようになっていく。また西郷の名もしだいに諸藩士の間で知られるようになっていった。

ところが斉彬が急死。斉彬を尊敬し、慕っていた西郷は悲嘆にくれる。藩主の急死によって藩政府の状況も急変。そして西郷は入水事件を起こし、奄美大島に送られるという逆境に追い込まれていくのであった。

幽囚生活は三年に及び、ようやく許されて帰ることになるが、政治活動に復帰したと思ったのも、つかの間。島津久光《ひさみつ》の逆鱗に触れて、再び遠島を命じられることになる。斉彬の死後、藩主の座に就いたのは、斉彬の異母弟・島津久光の子の忠義《ただよし》。しかし、藩政の実権を握っていたのは父の久光であった。

今度は、奄美大島よりもさらに遠くの徳之島への流罪。徳之島へ流されても、久光の怒りは収まらず、さらに離れ小島の沖永《おきのえ》良部島《らぶじま》に送られることになる。この島は死刑に次ぐ重罪人を送るところで、ここに流されたら生きては帰れないと言われた島。想像を絶する過酷な環境であった。

●過酷な獄中での精神修養

島の獄舎は、二坪ほどで粗末なつくりで、浜風が少し強いと風雨が降り込む。このなかで、西郷のひげは伸び、頭髪は乱れ、衣服は汚れ放題。冷や飯と焼塩の食事、日光も入らず、しだいにやせ衰えていく。しかし、西郷は端然と座った姿勢を崩さなかった。

その態度に同情と関心を寄せたのが、獄舎の番人の土持正照である。正照は西郷の素性をよく知らない。

「きっと立派な武士に違いない」

と思う一方、

「二度も島に流されている人だから、よほどの危険人物ではないか」

と思ったりもした。

しかし、ひと月が経ち、ふた月が経っても西郷の態度は全く変わらなかった。相変わらず端然と座った姿勢を崩すことはない。

「いままで接した武士のなかで、こんな志

操堅固な士に出会ったことはない」

と正照は思うようになる。このままでは西郷の身体がなえてダメになってしまうと考えた正照は、上に掛け合い、牢屋は新築されることになった。

二カ月あまりの牢獄生活で、西郷の身体は枯れ木のようにやせ衰え、歩行さえも自由にならなかった。

しかし、新しい牢屋に移ってからは、食事なども改善され、西郷の体力はみるみる改善していった。あわせて、移転後は読書に精を出すようになる。『言志四録』『韓非子』『近思録』などを熱心に読んだと言われている。

その後西郷は、沖永良部島での獄中生活を精神修養のよい機会ととらえ、志操を磨くことを怠らなかった。読書と思索の日々が続く。その生活を通して、しだいに人として熟成され、肝が据わるようになっていったのであった。

この後、目覚しい活躍を見せる西郷であるが、沖永良部島流罪と、そこにおける刻苦勉励の修養が、明治維新成功の鍵を握っていたとも言えるだろう。

●江戸無血開城を成し遂げる

元治元年（一八六四）、西郷は呼び戻されることになる。

時代は西郷なしには回転しなかったので

ある。再び中央に戻され、積極的に活動し、さまざまな活躍を見せる。

土佐藩の坂本龍馬らの仲介を得て薩長同盟を締結。また王政復古に成功し、戊辰戦争を巧みに主導する。

江戸総攻撃を前に勝海舟らとの降伏交渉にあたり、幕府側の降伏条件を受け入れて、総攻撃を中止。いわゆる江戸無血開城である。

このときの様子が、勝海舟『氷川清話』に次のように書かれている。

「さて、いよいよ談判になると、西郷は、おれのいうことを一々信用してくれ、その間一点の疑念もはさまなかった。

『いろいろむつかしい議論もありましょうが、私一身にかけてお引き受けします』

西郷のこの一言で江戸一〇〇万の生霊（人間）も、その生命と財産を保つことができ、また徳川氏もその滅亡を免れたのだ」

自分の身をかけて江戸庶民を救うという西郷の心意気が伝わってくる。そして、この両雄の会談が江戸一〇〇万人の命を救うことになったのである。また次のような言葉がある。

「このとき、おれがことに感心したのは、西郷がおれに対して、幕府の重臣たるだけの敬礼を失わず、談判のときにも、終始坐《ざ》を正して手を膝《ひざ》の上にのせ、少しも戦勝の威光でもって敗軍の将を軽べつするというようなふうが見えなかったことだ」

勝の回顧談から、西郷がどのような人物に対しても礼を重んじ、丁寧に接することを心がけたこと、そして命をかけてでも大事業を成し遂げようとしたことがうかがえる。

「命もいらず、名もいらず、
官位も金もいらぬ人は、
仕末に困るもの也。
此の仕末に困る人ならでは、
艱難を共にして国家の大業は成し得られぬなり」

『西郷南洲遺訓』(西郷の遺訓集)にある言葉である。

——命もいらない。名声もいらない。位もお金もいらないというような人は、始末に困るもの。こんな始末に困る人でなければ、困難を分かち合い、国家の大事業を成し遂げることはできない。——

まさしく西郷自身のことを表した言葉と言えるだろう。

その後西郷は、薩摩へ帰郷したが、明治四年(一八七一)に参議(明治政府の重職)として新政府に復職し、維新の改革を行うなどの活躍を見せたのであった。

●「敬天愛人」を終生の目標とした

明治六年(一八七三)、西郷は役職を辞して、鹿児島に帰る。そして私学校をつくって、子弟の教育にあたり、また農耕に狩猟に悠々自適の生活を送る。

ところが、明治一〇年（一八七七）、士族子弟の兵を率いて熊本城攻撃に出発することになる。私学校生徒の暴動に端を発した、いわゆる西南戦争である。この戦いに敗れた西郷は、鹿児島に逃れ帰り、城山で負傷。そして死を迎える。五一歳だった。

「敬天愛人《けいてんあいじん》」

天をおそれ敬い、人を慈しみ愛すること。西郷が好んで使った言葉で、彼の思想をよく表した四文字である。

天というのは、仁愛、つまり人々を平等に、かつやさしく愛してくれるもの。天命を自覚するのであれば、天が我々を愛してくれるように、人もすべての人に対して、仁愛の精神をもって接することが何よりも大事であることを説いたものだ。

流罪での厳しい精神修養を通して、そして『言志四録』などからの影響を受けて到達した思想であり、彼の終生の目標であったのであろう。

仁愛の人になる。

天と同じように、すべての人に愛情を注ぎ、そして自らを厳しく律し、無私無欲の人であることを終生心掛けた西郷。まさに『言志四録』の生き方を全うした生涯であった。

第六章

道徳

LA MORALITÉ

徳を備える

人は誰もが「いい人になりたい」と思う。他者に対して、「篤実でありたい」と願う。その一つの手段として、道徳を説く古典を読む。『論語』などの四書五経や、『言志四録』『武士道』など日本の書物などから知識を得て、心の修養を行う。

佐藤一斎が若いころから学び、昌平坂学問所の儒官として門人に説いた朱子学は、まさに徳を修めるための学問だった。

朱子学は、一一世紀南宋の学者朱子が儒教をもとに、上下関係の秩序や礼儀を重んじる思想として体系化したものである。封建社会を支える考え方であるため、江戸幕府が公式に認めた学問だった。

そして、朱子学と比較される学問が、陽明学である。これは、封建的な思想として神格化された朱子学が理論ばかりを重視することに異を唱えた一六世紀南宋の儒者、王陽明が確立した。日常生活や仕事など「実践」を通して心の修養をはかる教えである。

佐藤一斎も理論だけではなく、実践が伴ってこそ、徳を修めることができると考えた。官学を教える立場から公式には朱子学を弟子たちに説いたが、非公式な場では陽明学を教えたのだった。一斎が後世に「陽朱陰王」と呼ばれることになったのはこのためである。

この二つの学問の原点は、修己治人（修養を積み、人を治める）を目指した儒学であるが、閉塞感の漂う幕末に「世の中を変えたい」と行動を起こした志士たちを刺激したのは、陽明学のほうだったのである。

人が歩むべき正しい道、それが道徳である。間違ったことがあれば正し、本来あるべき方向に進む。それが徳を修める基本となるが、大事なのは、徳とは実践することによって、徳として認められることである。

どんなに良いことを言ってみても、それが実践されなければ、ただの評論家で終わってしまう。佐藤一斎は、礼儀や礼節を重んじながらも、世のため人のためになることにつながる行動を起こせと、実践を重んじる陽明学を通して諭したのである。

知識だけでは徳は磨かれない。良いことを実践することから、徳は備わっていく。

一日一善――。言い古されている格言ではあるが、この言葉の真意をあらためて考え、これを実践する生き方をしてみてはどうだろうか。

一六八

精神力の違い

人徳者は、力強さがみなぎり、弱みがないように見える。
人格者は、自制し、乱れがないように見える。
普通の人は、志を抱いても脆く、
どこか迷いがあるように見える。

言志録　第一二七条（南洲手抄言志録　一三）

聖人や賢人と凡人の違いは、
周囲に惑わされない、たくましい精神力があるかどうかだ

一六九

聡明さの広がりと深み

広く情報を集め、
しっかり記憶に残すことが、
聡明さに「広がり」をもたせる。
物事の道理を深く掘り下げ、
真理を究めることが、
聡明さに「深み」をもたせる。

言志録　第一四四条（南洲手抄言志録　一九）

多くを見聞する努力、物事を深く追求する努力が賢明な思考力を育む

一七〇

大言壮語を吐くな

大きなことばかり言う人ほど、
小心なことが多い。
強がりを言って張ったりを言う人ほど、
臆病なことが多い。
大言壮語から程遠い話し方のなかに、
含蓄のあることを言う人ほど、
見識が高く度量が広い人物であることが多い。

内容のない話を流暢にする者と訥弁だが含蓄のある者では、
後者のほうが好まれる

言志後録　第六八条

一七一

人為的なものは脆い

自然に発生した事物や考えは、揺るぎない強さがあるが、人が作為的につくった事物や考えは、脆く崩れ去る。

言志後録　第九四条（南洲手抄言志録　四五）

人がつくり出したものは、自然から生じたものにはかなわない

一七二

似て非なるもの

名声を望む人は、志が高い人に似ている。
人を糾弾する人は、本質を見抜く力が強い人に似ている。
物事に慣れている人は、練達している人に似ている。
軽はずみに事を起こす人は、機敏な人に似ている。
気の弱い人は、寛大な人に似ている。
融通のきかない人は、人情が厚い人に似ている。
だが、これらはみな似ていても全く違うものである。
見た目と本質は違うということだ。

一見良く見えても、実はそうではないことはよくある

言志後録　第一九一条

一七三

文書を書く心得

文章は真意が通じればいいし、
詩は思いが伝わればいい。
美辞麗句で装うのは、
口先だけでうまいことを言うのと同じだ。
心地よいものではない。

きれいな言葉を並べても、中身がなければ人には伝わらず、
心に響くこともない

言志晩録　第五一条

一七四

貧富は天の定める運命

金持ちを羨むな。
その人がいつ貧しくなるともかぎらない。
貧しい人を見下すな。
その人がいつ金持ちになるともかぎらない。
要は、金持ちになるか貧乏になるかは、
普段の生き方次第で天が決めることなのだ。
だから、貧富になるかどうかを思い煩うことなく、
現状に安住すればよいのだ。

人を羨まず見下さず、自分のいまの立場や環境で最善を尽くせ

言志晩録 第一九〇条

一七五

引退は難しきもの

休まずにひたすら走り続けることは、
もとより易しいことではない。
だが、それ以上に、
適当な時期に引退することは難しい。
ただ、見識のある人だけが、
それができるのだ。

引退は、その後の人生計画とセットで考えて実行するべきだ

言志晩録　第二三六条

一七六

日の長短は心のもち方次第

何もすることがなく怠けていると、日の短い冬の一日が長く感じられる。
やることがあって励んでいると、日の長い夏の一日が短く感じられる。
一日が長いか短いかは、自分の心次第ということだ。
何かを待つ一年は、ゆっくり過ぎていく。
何も待つことのない一年は、はやく過ぎていく。
一年が長いか短いかも、自分の心次第ということだ。

言志耋録　第一三九条

計画性のない仕事はダラダラと進み、一日が長く感じられる

一七七

やるべきことを早く片づける習慣

日々の定例にこなすべき仕事は秋の落ち葉と同じだ。
掃いても掃いても落ちてきて、結局なくなることはない。
こうした仕事はとくに重要なことでないかぎり、
グズグズしないでさっさと片づけよ。
そうすれば、
心に余裕が生まれ、行動にゆとりもできるようになる。

仕事を溜めたり、仕事に追われたりするとストレスを生む。
ゆとりがないといい仕事はできない。

言志晩録　第二六五条

一七八

他人の領分を侵すな

仕事にはそれぞれ自分の本職というものがある。
他人の役割を自分がやって、それがうまくいったとしても、
諍いが起きると心得よ。
ちょうど、真夏の寒い日や真冬の暑い日のように、
一見良さそうだが、実は良くないものだ。
他人の仕事をやった者は良いことをしたと思っても、
相手は自分の領分を侵されたとして不愉快になるものだ。

言志晩録　第一六四条

他者がやるべき領域を侵食するな。
それは相手のプライドを傷つけることになる

一七九

「適度に」を心がける

心身の健康を維持する養生には、
「適度に」が一番いい。

言志晩録　第二八〇条

「適度に」「節度をもって」を標語にして、ストレスを軽減する日々を送る

一八〇

いま努力しないと後悔する

二〇から三〇までは、まさに日が昇る年代。
四〇から六〇は大いに陽光を浴びる日中の年代。
この時代に人徳が形成され、大業を為す。
七〇から八〇までは心身とも衰え、西に日が落ちて行く年代。
何かを為そうにも思うようにいかない。
だからこそ、若いうちに努めて学べ。
その知識と体力をもって、大業を成し遂げるのだ。
年老いて、「日暮れて途遠し」と嘆くことがないように。

言志耋録　第三二八条

若いうちに努力をしたかしないかが、
壮年になってからの人生に大きく影響する

一八一

名声を求めず、名声を避けず

過度に称賛を得たいと欲を出すのは、
もちろんいけない。
当然受けるべき称賛を変に遠慮するのも、
いいこととは言えない。

称賛とは行為の結果。その行為が称賛に値するかを考える

言志録 第二一五条

一八二

独り占めするな

利益を生むことは、
世の中にとって必要なことだ。
だから儲けを出すことは、
決して悪いことではない。
ただ、
それを独り占めすれば、
怨みを買うだけだ。

言志録　第六七条

利益とは、正しい方法で生み出され、適切に分け与えられるものである

一八三

小さな不正

いつも病気をしている人は、
痛みがあっても、
いつものことだと受け流してしまう。
それと同じく、
いつも倫理や道徳を気にしない人は、
小さな不正をしても、
良心に呵責を感じない。

言志録　第一二八条

小さな不正を放置しておくと、いずれ大きな不正に手を染めるようになる

一八四

敬と誠

「敬《けい》」とは、
自己を律し、他者を敬う心のこと。
「誠《まこと》」とは、
一切が真実で、嘘いつわりのない晴れやかな心のこと。
みだらな考えを起こさないのが「敬」であり、
みだらな考えが起きないのが「誠」だ。

言志録　第一五四条（南洲手抄言志録　三二）

人を敬う心、誠実な心をもて。迷走は消えてなくなる

一八五

真の善行とは

意識せずに自然に善い行いができている。
これを「誠」と言う。
善いことを行い、それがなかったようにする。
これを「敬」と言う。

心の欲するままに善行が行えるよう精進せよ

言志後録　第一〇〇条（南洲手抄言志録　四八）

一八六

私心も物欲も捨てる

私心がなければ、
無我、清明な境地に至る。
これは邪念のない正義である。
物欲に執着がなければ、
人に煩わされることはない。
これは何の恐れもない勇気である。

言志晩録　第九八条（南洲手抄言志録　七〇）

無心の境地に至れば、恐れるものは無くなる

一八七

善行を偽善にするな

友人同士なら互いに善行を勧め合うのは当然である。
ただ、それが偽善にならないように注意する。
善行が口先だけであって、
自分を親切な人と見てもらいたいためなら、
徳になるどころか、
仇となるだろう。
まったく無益なことだ。

美名のための善行は偽善にほかならない

言志録　第一五一条

一八八

真実の言葉と偽りの言葉

魂で語る真実の言葉は、
どんな人の言葉でも、
人の心を震わせる。
取り繕った虚言は、
どんなに話が上手であっても、
人の心には届かない。

真実の言葉は、口先ではなく心で語る。だから心に響く

言志後録　第一七七条

一八九

上に立つ者の心得

リーダーは、
組織の事情に最も精通し、
公明正大に物事を進めなければならない。
組織の事情に疎ければ、
偏った判断をしてしまう。
公明正大でなければ、
頑固で強情になるだろう。

言志晩録　第一一六条

リーダーは「常に人に見られている」ことを忘れず、自己を律する

一九〇

信服を得るには

道理の通った言葉は誰もが納得し、
その言葉に人は信服する。
しかし、
その言葉のなかに怒気や強制、傲慢、自己便宜などがあると、
信服されることはない。
道理の通ったことを言ってるのに、人がついてきてくれないなら、
自分の言動を振り返ってみよ。
自分が、自身の言動に心から従うことができるなら、
人はついてくるようになる。

言志録　第一九三条

たとえ正論であっても、そこに私心が挟まれていたら相手に伝わらない

一九一

徳をもって人を導く

口先だけで人を諭してみても、
人は心から従ってはくれない。
善行を自ら実践して導いていくならば、
人はそれに感じ入って従ってくれる。
さらに、道徳に基づいて人を感化するなら、
人は自然と心から受け入れ従ってくれる。
人を導くうえで、これが最も無理なく自然と言える。

自ら範を示し、道徳で人を導く

言志耋録　第一一二五条

一九二

才能よりも度量

才能があっても度量がなければ、
人から慕われることはない。
逆に、
度量があっても才能がなければ、
やるべきことを完遂できない。
才能と度量を兼ね備えるのが最上だが、
どちらか一方というなら、
度量のある人物になるべきだろう。

言志晩録　第一二五条

頭の良さだけでは人は動かせない。度量の広さがより大事なのだ

一九二三

人情の向背の原因

人から情けを受けられるか否かは、
「敬」と「慢」の二字で見ることができよう。
人を敬う心があれば、人は自分に向かってくる。
人を慢《あなど》る心があれば、人は自然と背を向けていく。
また、
恵みを施し、恩に報いる心がけも疎かにしてはいけない。
恩や怨みは些細なことから生じる。
よって、十分に身を慎まなくてはならない。

言志晩録　第一五一条

誰に対しても分け隔てなく礼を尽くす人に、人は引き寄せられていく

一九四

仕事の苦と楽

仲間と仕事をするとき、
誰かが楽な部分を担い、
私がきつい部分を担ったとする。
心身ともに苦しいが、
私の気持ちは晴れやかだろう。
逆に、誰かがきつい部分を担い
私が楽な部分を担ったとする。
心身は楽だが、
私の気分は憂鬱になるはずだ。

人の苦労を我が身に感じる

言志晩録　第二四三条

一九五

真の功名、真の利得

功績や名誉は、道徳に基づいて得られなければ、本物とは言えない。
損や得は、人の道に基づいてもたらされなければ、本物とは言えない。

本物の栄誉や利得は、正しい道から生まれる

言志後録　第二四条

関係人物列伝 6

義の精神を貫いた河井継之助《つぎのすけ》

●生涯の師に出会う

幕末の風雲児などと呼ばれ、越後長岡藩（新潟県長岡市）の政事を担った河井継之助。彼が初めて尊敬できる師に出会ったのが、安政六年（一八五九）、三三歳のときのことである。

その師とは、佐藤一斎の門弟、備中松山藩（岡山県高梁市）の山田方谷《ほうこく》である。

方谷に師事した継之助が入塾を許されて聞いた話が、これも一斎に学んだ佐久間象山の批判であった。方谷と象山の関係についてはすでに触れたとおりであるが、継之助は数年前に象山の塾に席を置いていた。

二人を知る継之助は、「佐久間先生の上に立つのが山田方谷先生だ」としており、方谷への信頼を明示していた。象山については、「偉いことは偉いが、腹に面白くない所がある」と、あまり好感をもたなかった印象がうかがえる。

継之助は方谷の住まいに身を寄せて、さまざまな教えを受けていく。方谷の談話に心酔し、人間性に感銘するのであった。

方谷は藩財政改革や社会構造の問題点を指摘し、その実用方法などを継之助に説いた。それは継之助の大望を果たすために有益なものであり、感動し得るものであった。後に継之助は長岡藩の改革に取り組むが、その改革の原点はここ備中松山藩にあったのだ。

方谷のもとで修業すること数カ月。ここを辞するときが来た。

辞去に際し、継之助は座礼を繰り返しながら別れを惜しんだという。

●志を立てる

では、河井継之助とはどのような人物であったのだろう。

文政一〇年（一八二七）、長岡城下で生を受けた。父は長岡藩の中級藩士、代右衛門（秋紀）。幼少のころから負けず嫌いで、腕白であった。その一方、無類の勉強好きという一面もあった。

志を立てたのは一七歳のとき。立志を重視する、王陽明が打ち立てた陽明学に刺激されてのことだった。

「十七天に誓って輔国《ほこく》に擬せん」

継之助が一七歳のときに志にした目標である。国を輔《たす》ける、つまり藩を支えられるような名臣となることを生涯の志としたのだ。そこで王陽明に誓いを立てるため、鶏を裂いて捧げ、天に志を示したとされている。

また、継之助の読書好きは長岡城下でもよく知られ、夜遅くまで勉強していたという。書物を借りては、それを丁寧に写し取った。このとき、『言志録』も筆写したと言われている。

こうして、青少年時代に自分の進むべき道をしっかり捉え、それに向かって突き進んだのである。

●藩政改革を行う

初めて江戸に遊学したのは、嘉永五年(一八五二)、二六歳であった。朱子学者斎藤拙堂《せつどう》に学び、続いて儒学者で佐藤一斎とは昌平坂学問所の同僚であった古賀茶渓《さけい》の門に入った。この頃、佐久間象山の門も叩く。

その後、幕府老中であった藩主牧野忠雅に藩政改革の必要性を建言。これが採用されて初の役職、御目付役格評定方随役を任命されるものの、上役との軋轢によってすぐに退任となる。

父の隠居によって家督を継いだ継之助は、活躍の機会をじっと待ちかまえる日々。言いたいことを言い、力で押しまくる継之助には、何かと敵が多かった。その存在は知られていたものの、登用されることはなかった。

そんな継之助であったが、光明が見えてくる。

宮路村という所で庄屋と村民の間で争いが起きており、その鎮静に継之助が起用され、外様吟味役に抜擢される。奮い立った彼は騒動を解決。自らの才能を発揮したのであった。

この後、再び江戸に遊学し、さらには、山田方谷の教えを受けに備中松山へと旅立つのであった。

前藩主から藩政を任された牧野忠恭《ただゆき》は勤勉な継之助に目をつけ重用を始める。継之助も忠勤を励む。忠恭は、継之助の策を受け容れ政策を進め、彼を昇進させていった。

継之助は郡奉行となってから、さまざまな藩政改革を行った。賄賂の禁止、河川の改修、寄場の創設、賭博の禁止、河税の廃止、遊郭の廃止、株の特権の廃止、財政整理、藩債整理、兵器購入、学制改革、兵学所拡張、兵制改革、録高の改正……など。これらの改革を粛々と推し進め、成果を上げていったのである。

●北越戊辰戦争、そして継之助の死

幕府より朝廷に大政奉還がなされると、王政復古の大号令が発せられ、新政権を掌握した討幕派らにより旧幕府派の排除が始まった。

鳥羽・伏見では旧幕府軍と新政府軍が激突。戊辰戦争の勃発である。

その後、新政府軍は江戸城を無血開城させるなど戦況を有利に進め、反抗勢力を制圧するため各地に軍を送る。

このとき、長岡藩は恭順か佐幕かで揺れ

に揺れていた。藩主は継之助を家老に引き立て、藩論統一の指揮を執らせる。

次いで上席家老となり、さらには軍事総督も兼務することになる。重責を担うこととなった継之助は次のような考えを披露する。

「我が藩が現下の時局に処する道は、唯だ誠意専心領民を安撫し、朝旨に悖《もと》らざると共に、徳川家に対して祖先以来の義理を失わざるに在り」

これは、朝廷を尊重し、かつ徳川家への義理をも立てるというものである。勤王佐幕を銘とし、双方に忠誠を尽くすのが長岡藩の立場。領民のための善政が長岡藩の役割であり、これは防御のための出兵であるとしたのだ。こう説く継之助だが、真意は戦争を避け、和平を望んでいたのである。

しかしながら、長岡藩には新政府軍による進軍が開始され、小千谷を占領する。

一〇万人の領民のため戦乱を避けたいと願う継之助は、和睦への最後の望みをかけて会談に臨んだ。これが北越戊辰戦争の明暗を決する小千谷会談（談判）である。

嘆願の趣旨は、「我が藩は朝廷に逆らう意志は毛頭ない。ただ藩内議論が分かれて一定しない。種々のやむを得ない内情もある。願わくば時間を貸してほしい。そうすれば藩論を一つにし、さらには会津、桑名の諸藩を説得する」というものである。

新政府軍の軍監、岩村精一郎はこれを受

け入れなかった。そして、嘆願書を開きもせずに突き返した。交渉はあっという間に決裂。これが戦争の発火点となったのである。

やむなく継之助は徹底抗戦を宣言。

こうして長岡藩は歴史の大きな渦に巻き込まれていくのであった。

長岡軍は奮戦するものの、圧倒的に兵力で勝る新政府軍が有利。長岡城はあえなく落城、撤退を余儀なくされる。

しかし、継之助は総指揮官として長岡城奪還作戦を決行。陽動作戦と奇襲により城の奪還には成功したが、継之助は左足に銃撃を受けて重傷を負ってしまう。

総指揮官の負傷と交戦の疲労などで戦況は一転。奪還よりわずか四日後に、長岡城は再び陥落した。城を失った継之助は会津領へと撤退していく。しかし撤退の途中に容態は悪化する。自らの火葬を指示した継之助は、会津領塩沢村にて波乱の人生に幕を下ろした。ときに四二歳。

死の数日前、松山出身の商人、松屋吉兵衛にこう頼んでいる。

「山田先生に伝えてくれ。河井はこの場に到るまで先生の教訓を守ってきたと」

義の精神を貫き通して死した河井継之助。陽明学徒としての彼は、義を奉じて死ぬことは喜びであったのかもしれない。

補章

重職心得箇条

LE LEADERSHIP

リーダーとしての行動規範

佐藤一斎が出身地、美濃岩村藩（岐阜県岩村町）の重臣に説いた十七の心構えが「重職心得箇条」である。組織を担う者の原理原則を説いたことで、岩村藩にとどまらず、日本各地にその教えは伝わったと言われている。

重職とは、いまでいえば取締役や幹部社員となろうが、この処世訓はリーダーシップを発揮すべき役割の人たちすべてに共通する行動規範である。だからこそ、長い年月を経ても一切色あせることなく、多くのリーダーたちに読み継がれるのだろう。現代でも多くの政治家、経営者の行動哲学、行動規範として活用されていることはよく知られるとおりである。

いまリーダーの立場にある人、将来的にリーダーを目指す人はもちろん、人の先頭に立つことはなくても、組織や家族のなかでの自分に課された役割を全うする人たちにとっても、ここに記された言葉はきっと気持ちを奮い立たせてくれるだろう。

ここでは、原文にはない表題を敢えて付けたうえで、「重職」はリーダー、「大臣」は管理者とするなど、現代の方々に身近に理解できるように解読した。

一、名（役割）を正せ

重職（リーダー）は、組織の大事・大きな問題を処理するべき役割であって、その「重」の一字を失って、軽々しくするのは悪い。

大事についても油断があっては、その役割にかなわぬ。まず、その立ち居振る舞い、言葉から重厚にし、威厳を養うのだ。

リーダーとは、トップに代わって仕事をする大臣（管理者）である。管理者が重厚であれば、万事うまくいき、物事は安定し、人心は落ち着く。それでこそ、リーダーという名にかなう。

小さなことにこだわると、大事に手抜かりが生じる。とるに足らないことを省けば、自然と大事に抜け目がなくなる。

政事《まつりごと》（経営）は、名（役割）を正すことから始まる。よってリーダーとしての役割を正すこと、これが基本であり、始まりとなる。

二、嫌いな者こそ用いよ

リーダーは、部下たちに十分に発言させて、これを公平に判断せよ。

仮に、部下の意見よりも己の考えが良かったとしても、それほど問題がなければ、部下の意見を用いよ。

部下を引き立てて、部下が気持ちよく仕事に取り組めるようにするのが、リーダーの大事な務めとなる。そうせずに、ちょっとした過失にこだわって、人を受け入れず、用いることがないなら、使える者は一人もいなくなる。

万が一、部下に過ちがあれば、手柄で補わせるのがよい。

また、とりたてて才能がなくても、その組織ごとに、それ相応の者はいるものである。人を選り好みせず、好き嫌いなどの私心を捨てて用いる。自分に合う者ばかりを登用するのは、水に水を差すようで味気なく、調理にならぬ。自分にとって苦手な者、嫌いな者をうまく用いるのが手腕である。この工夫がありたいものだ。

三、時世に従い動かせ

家々の祖法（伝統的な基本精神）を失ってはならぬが、しきたり、因習はときの流れに従って変えていくべきだ。

家法（基本精神）を古びたものとしてしりぞけ、慣れ親しんだしきたりや因習に拘泥しがちだが、時世につれて動かすべきものを動かさねば、時勢におくれ、役に立たぬ。

四、習わしや先例に惑わされるな

昔ながらの習わしや先例には二つある。

一つは、家法（組織の規則）からくる基本的なきまりで、もう一つは、因習（慣習）からくるきまりである。いま、ある物事を処理するとき、まず、こうあるべきとの己の案をつくり、ときと場合を考え、そのうえで習わしや先例を確認し、現在に照らし合わせて判断せよ。

因習からくる習わしや先例であっても、その通りで良いことはその通りにすればよいが、ときと場合に合わないことについては、こだわってはならない。己の案をもたず、習わしや先例から入るのは、当世の役人が抱える共通の病である。

五、機に応じよ

機に応ずということがあるが、これはとても大事なことである。何事によらず、後からくる好機は、事前にわかる。その好機の動きを察知して、これに従う。

物事にこだわるあまり、好機を逃したときには、後でとんと行き当たってしまって、困り苦しむことになる。

六、公平を保て

公平さを失うと、善いことは行えない。渦中に身を置くと、どこが中心でどこが隅かが見えなくなる。公平さを保つには、一度渦中から抜け出し、外から物事全体を見つめ、その中心をとるようにせよ。

七、人心を快くせよ

人が快く従うことを心がけよ。無理強いはするな。詰問する態度を威厳と捉えたり、己の思うままに振る舞ったりすることは、器量の小さな者が抱える病と心得よ。

八、忙しいと言うな

リーダーであればこそ、「忙しい」と口にするのを恥ずべきこととせよ。たとえ忙しくても、忙しいとは言わない。十分に手をあけ、心に余裕がなければ、大事に気づかなくなる。リーダーが自ら些事を行い、部下に任せることかできないから、部下はもたれかかり、リーダーは忙しくなるのだ。

九、賞罰の権限を正しくもて

賞罰の権限は、リーダーがトップから委譲された役務である。部下にもたせることがあってはならぬ。組織におけるこのような重大な役務は、厳格にして抜かりなく執行されなければならない。

一〇、計画性をもて

政事（事業経営）においては、重要度合いや優先順位を誤ってはならぬ。ゆっくりでは時機を失い、急ぎ過ぎでは過ちを招く。着眼を高くし、全体を俯瞰して、三年ないし四から五年、さらに一〇年のうちに何をすべきかを心に思い描く。それに従い手順を踏み、実行に移せ。

一一、心を大きく寛大にせよ

リーダーは心を大きくもち、寛大でなければならない。小さきことを大げさに捉え、こせこせとした振る舞いをしてはならぬ。

どんなに能力があろうとも、器量が小さければ、リーダーの役割は果たせない。人を受け入れる寛大な心と大きな度量こそ、真の管理者といえるのだ。

一二、見解を改める大らかさをもて

リーダーは確固たる見識をもち、決意したことを貫くのが当然の姿である。しかしながら、偏見をもたず公平に他者の意見を取り入れ、速やかに見解を改めなければならないこともある。この心持ちがなければ、我を通すばかりで組織に弊害をもたらすであろう。よくよく心得るべきだ。

一三、信義をもって事業にあたれ

政事（事業経営）では、推進と抑制の見極めや、メンバー間の上下のつり合いをとる配慮などが必要だ。よくよくわきまえることといえよう。こうしたことを心得て、「信」をもって事業推進を貫き、「義」をもって人間関係を判断していけば、できないことはない。

一四、人のためになる仕事をせよ

政事（事業経営）では、どうでもよい仕事をつくり出し、中身のない仕事をしがちだ。だが、自然に考え、為すべきことを為すのが本来であり、仕事をこなすための仕事をつくるのは偽りである。

経験豊富なリーダーなら、人のための仕事ではなく、仕事のための仕事という悪風を始めてはならぬ。仕事とは簡易にするべきであり、手数を省くことが肝要である。

一五、組織風土の悪習を改めよ

組織風土は、上から下に伝わっていく。猜疑心から人の秘事を暴いたり、「表向きにはこう言ったが、実はこうなんだ」と裏表のある言い方をするのは非常に悪い。

上役がこうだと下の者にそれが移り、人を疑うのが常になる風土になりかねないからだ。上下お互いが信用できず、表裏を使い分けるようでは組織運営が難しくなる。

よって、こうした悪習があればすみやかに排除し、物事を見たまま感じたままに公平に判断するような風潮に改めなければならない。

一六、隠しだてするな

秘密主義の風潮ほど悪いことはない。機密はもちろん明かしてはならないが、隠しだてする必要のないことを隠すと、かえって人々に探ってやろうという邪心をもたせてしまう。

一七、新鮮な心で事業推進せよ

事業を始めるときというのは、一年に春という季節があるようなものだ。人心を一新し、歓喜沸き立つ期待を生み出せ。賞罰を明白にせよ。財政難にあっても、寒々とした施策ばかり打ち出しては、人心は前には進まない。

このことを肝に銘じて、職務にあたるようにすべし。

おわりに

「学は立志より要なるは莫《な》し」

学問をするうえで、「志を立てる」ことが最も大事である。

この「立志」の重要性は『言志四録』のなかで繰り返し説かれている。

何よりも志を立てることが大切であることは、一斎自身が、若き日に、自らの志のなんたるかを見出し、学問に専念していった経験を踏まえ確立していったものであろう。

志の大切さを説いた佐藤一斎著『言志四録』は、幕末の若者たちに大いに影響を与えた。そして感化を受けた志士、志のある若者たちが、明治という新しい時代を切りひらいていったのである。

志ある者が己の運命を切りひらくことができ、志のある者が豊かな人生を創造していけるのだ。これは現在《いま》に通じる真理であろう。

そして『言志四録』は、我々にこう教えてくれているのだ。

志こそが人生を創造し、
志こそが未来をひらく。

本書が、あなたの未来をひらく一助になれば幸いである。

最後に、本書の執筆にあたり多大なご助力をいただいた日本能率協会マネジメントセンターの根本浩美氏に深く感謝申し上げる。

平成二七（二〇一五）年六月

前田　信弘

参考文献

『言志四録』－全四巻－佐藤一斎著　川上正光全訳注　講談社
『座右版　言志四録』佐藤一斎著　久須本文雄全訳注　講談社
『佐藤一斎　言志四録』山田準　五弓安二郎訳註　岩波書店
『再発見　日本の哲学　佐藤一斎―克己の思想』栗原剛著　講談社
『佐藤一斎・安積良斎』叢書・日本の思想家 31　中村安宏　村山吉廣著　明徳出版社
『日本思想体系〈46〉佐藤一斎　大塩中斎』相良亨　溝口雄三　福永光司校注　岩波書店
『佐藤一斎「重職心得箇条」を読む』安岡正篤著　致知出版社
『佐藤一斎「言志四録」を読む』神渡良平著　致知出版社
『[現代語抄訳] 言志四録』佐藤一斎著　岬龍一郎編訳　ＰＨＰ研究所
『最強の人生指南書　佐藤一斎「言志四録」を読む』齋藤 孝著　祥伝社
『小説　佐藤一斎』童門 冬二著　致知出版社
『佐久間象山伝』大平喜間多原著　宮帯出版社
『人物叢書　佐久間象山』大平喜間多著　吉川弘文館
『入門　山田方谷』山田方谷に学ぶ会著　明徳出版社
『叢書・日本の思想家〈41〉山田方谷・三島中州』山田琢　石川梅次郎著　明徳出版社
『山田方谷の夢』野島透著　明徳出版社
『吉田松陰―「日本」を発見した思想家』桐原健真著　筑摩書房
『一番詳しい　吉田松陰と松下村塾のすべて』奈良本辰也編著　ＫＡＤＯＫＡＷＡ
『吉田松陰と松下村塾の志士１００話』山村竜也著　ＰＨＰ研究所
『吉田松陰著作選　留魂録・幽囚録・回顧録』奈良本辰也著　講談社
『吉田松陰』奈良本辰也著　岩波書店
『吉田松陰』徳富蘇峰著　岩波書店
『松陰と晋作の志』一坂太郎著　ベストセラーズ
『人物叢書　西郷隆盛』田中惣五郎著　吉川弘文館
『西郷隆盛伝　終わりなき命』南日本新聞社編著　新人物往来社
『西郷南洲遺訓　附 手抄言志録及遺文』山田済斎編　岩波書店
『氷川清話　付勝海舟伝』勝海舟著　勝部真長編　角川学芸出版
『氷川清話』勝海舟著　江藤淳・松浦玲編　講談社
『決定版　河井継之助』稲川明雄著　東洋経済新報社
『河井継之助のすべて新装版』安藤英男編　新人物往来社
『良知の人　河井継之助』石原和昌著　日本経済評論社
『もう一つの「幕末史」』半藤一利著　三笠書房
『日本近世人名辞典』竹内誠　深井雅海編　吉川弘文館
『見る・読む・調べる　江戸時代年表』山本博文監修　小学館

『言志四録』作者

佐藤一斎（さとう いっさい）

安永元年（1772）、江戸浜町の美濃岩村藩藩邸に生まれる。寛政二年（1790）頃、林家（江戸時代の儒官の家）の養子となる。文化二年（1805）、林家塾長となり、多くの門弟をもつ。そののち、江戸幕府の学問所である昌平黌の儒官（総長）となり、教育者として名を馳せる。この活動のなかで、山田方谷、佐久間象山、渡辺崋山、横井小楠といった江戸末期を代表する英傑の思想に直接影響を与える。一方で、人生の後半四〇有余年にわたり、『言志四録』をつづり続ける。安政元年（1854）には日米和親条約締結など国政にも関与し、安政六年（1859）、88歳の生涯を閉じる。

[編訳者]
前田信弘（まえだ のぶひろ）
経営コンサルタント、ファイナンシャル・プランナー。高校講師、専門学校教員を経て独立。長年、経営、会計、金融、マーケティングなど幅広くビジネス教育に取り組むとともに、さまざまなジャンルで執筆・コンサルティング活動を行う。あわせて歴史や古典などをビジネスに活かす研究にも取り組んでいる。著書に『知識ゼロからのビジネス論語』『知識ゼロからの孫子の兵法』『知識ゼロからのビジネス韓非子』『知識ゼロからのビジネス武士道』（幻冬舎）などがある。
マエダオフィス　nmaeda@mtg.biglobe.ne.jp

君の志は何か
超訳　言志四録

2015年6月30日　初版第1刷発行
2015年8月25日　　　第2刷発行

編訳者——前田信弘

発行者——長谷川 隆
発行所——日本能率協会マネジメントセンター
〒103-6009　東京都中央区日本橋2-7-1　東京日本橋タワー
TEL　03（6362）4339（編集）／03（6362）4558（販売）
FAX　03（3272）8128（編集）／03（3272）8127（販売）
http://www.jmam.co.jp/

装　　丁——冨澤 崇（EBranch）
本文DTP——木内 豊
イラスト——のり（norikosato.com）
印刷所——広研印刷株式会社
製本所——株式会社三森製本所

ISBN 978-4-8207-1929-8　C0012
落丁・乱丁はおとりかえします。
PRINTED IN JAPAN